분리배출부터 ‥‥‥‥‥ 업사이클링까지

쓰·레·기·책

분리배출부터 ▸▸▸▸▸▸▸▸▸ 업사이클링까지

쓰·레·기·책

글 손영혜 | 그림 도아마

현암 주니어

◆ 들어가는 글 ·· ▶▶▶

이야기를 시작하며

　우리는 물건을 너무 쉽게 사고 쉽게 버리는 사회에 살고 있어요. 손가락만 움직이면 집 앞까지 맛있는 음식이 배달되고, 갖고 싶은 장난감은 마트에 가지 않고도 가질 수 있지요. 스마트폰만 있으면 내가 가지지 못할 물건은 없어요. 하지만 이 물건들은 시간이 지나면 결국 쓰레기가 돼요. 음식을 먹고 나면 일회용품이 생기고, 장난감을 가지고 놀다 보면 언젠가는 망가져 버릴 테니까요. 새것이던 물건들도 결국 버려야 할 폐기물이 되는 거예요.

　우리가 버린 쓰레기들은 지구에 쌓여 각종 유해 물질을 내뿜고, 기후 문제를 일으켜요. 폭염·폭우와 같은 이상 기후로 지난 50년 동안 목숨을 잃은 사람이 200만 명이 넘는다는 조사 결과도 있어요. 우리도 머지않아 기후 재난의 피해자가 될 수도 있는 거예요. 게다가 쓰레기는 쉽게 사라지지도 않아요. 오늘 플라스틱 쓰레기를 버리면, 플라스틱은 500년이라는 긴 시간이 지난 후에야 겨우 썩어서 없어질 거예요.

분리배출을 하면 괜찮지 않냐고요? 우리가 버린 쓰레기 중 실제로 재활용되는 비율은 절반밖에 되지 않아요. 인구는 계속해서 늘고 있는데, 쓰레기는 줄지 않아서 지구가 쓰레기를 더는 감당할 수 없을 지경이 됐어요.

지구가 100개라면, 그래서 우리가 새로운 지구에서 살 수 있다면 그렇게 큰 문제가 되지 않아요. 그렇지만 지구는 하나뿐이잖아요. 쓰레기 문제를 그냥 두고 본다면, 우리는 쓰레기가 넘쳐나는 지구에서 살 수밖에 없을 거예요.

이 책은 쓰레기를 줄이는 방법부터 쓰레기를 재활용하고 새로 쓰는 방법까지, 말 그대로 '쓰레기의 모든 것'에 대해 다루고 있어요. 1장에서는 우리가 버린 쓰레기들이 어디로 가고, 우리가 쓰레기를 얼마나 버리고 있는지 평소 습관을 확인해 볼 수 있도록 구성했어요. 2장에서는 헷갈리는 분리배출 방법에 대해 알아보고, 3장에서는 쓰레기를 재탄생시키는 업사이클 방법과 국제 사회가 쓰레기를 만들지 않기 위해 어떤 노력을 하고 있는지 다뤘어요.

쓰레기 문제를 해결하려면, 우리가 버리는 쓰레기에 관해 정확히 알아야 해요. 그래야 쓰레기를 줄이는 방법도 알 수 있고, 더 나아가 쓰레기를 새롭게 보는 시각을 기를 수도 있을 테니까요. 마냥 쓸모없게 느껴졌던 쓰레기가 쓸모 있는 자원으로 재탄생할 수 있도록 모두의 노력이 필요한 때예요.

차례

들어가는 글　　　　　　　　　　　　　　4

쓰레기, 문제야 문제!

01 쓰레기, 너는 누구니?　　　　　　　　11
02 우리나라도 쓰레기가 문제인가요?　　　15
03 기후 위기와 쓰레기가 무슨 상관이에요?　20
04 우리는 쓰레기를 얼마나 버릴까요?　　　24
05 쓰레기는 어떻게 처리하나요?　　　　　30
06 쓰레기는 어디로 갈까요?　　　　　　　34
07 쓰레기는 사라지지 않아요!　　　　　　43

* 부록 | 쓰레기 체크리스트

쓰레기 구출 대작전

01 쓰레기의 종류　　　　　　　　　　　53
02 종량제, 네 정체를 밝혀라!　　　　　　58

03 쓰레기를 잘 버리는 마법의 공식 62
04 분리배출 표시 제대로 읽는 법 66
05 종류별 분리배출 방법 69
* 부록 | 쓰레기 분리배출 일기
* 부록 | 알쏭달쏭 분리배출 퀴즈

쓰레기 없는 지속 가능한 사회

01 새활용이 뭐예요? 93
02 함께하면 쉬워요, 제로 웨이스트 99
03 싸고 예쁜 옷이 환경을 오염시켜요 104
04 지구를 튼튼하게 만드는 음식 108
05 환경을 생각하는 제로 하우스 117
06 산책하며 지구를 구하는 작은 발걸음 121
07 기업들도 노력해야 해요 125
08 국제 사회는 어떤 노력을 할 수 있을까요? 130
* 부록 | 쓰레기 환경 교육 체험 기관
* 부록 | 지구를 지키는 어린이 서약서

참고한 자료 138

쓰레기, 문제야 문제!

국제 연합 기구인 유엔에서는 사람들이 지금처럼 쓰레기를 버린다면 2050년까지 120억 톤이 넘는 플라스틱 쓰레기가 나올 거라고 발표했어요. 너무 큰 숫자라서 감이 안 잡힌다고요? 2050년에는 바다에 물고기보다 플라스틱이 더 많을 거란 말이에요. 바다에 놀러갔는데, 물고기는 하나도 안 보이고 쓰레기만 둥둥 떠다닌다니……. 상상만으로도 끔찍해요.
　대체 이렇게 많은 쓰레기는 어디서 나왔고, 또 어디로 가는 걸까요? 쓰레기가 이렇게까지 문제가 된 이유는 무엇일까요?

쓰레기, 너는 누구니?

쓰레기의 정체를 밝혀라!

쓰레기는 무엇일까요? 사전에서 '쓰레기'를 검색하면 '못 쓰게 되어 내다 버릴 물건이나 내다 버린 물건을 통틀어 이르는 말'이라고 나와요. 비슷한 말로는 '폐기물'이라는 단어도 있어요.

영어로 쓰레기는 '트래시(Trash)', '웨이스트(Waist)', '가비지(Garbage)' 등으로 표현해요. 종량제 봉투에 담아 버리는 쓰레기는 일반적으로 '트래시'라고 알아 두면 이해하기 쉬워요. '낭비'라는 뜻을 가진 '웨이스트'는 폐휴지, 혹은 폐수를 표현할 때 주로 쓰이고요. 음식을 만들거나 먹고 나서 발생하는 쓰레기는 '가비지'라고 해요. 영국이나 호주에서 많이 쓰는 '러비시(Rubbish)'라는 단어도 있어요. 이렇듯 쓰레기를 표현하는 단어는 정말 많아요.

쓰레기가 아니라 쓸 애기라고?

이 단어들은 모두 '못 쓰게 되다'라는 뜻을 가지고 있어요. 뜻에서 밝히고 있듯, 사람들은 쓰레기를 마냥 냄새나고 더러운 것으로 취급해요. 하지만 다시 생각해 보면 우리가 실제 사용하는 물건 중에는 다시 쓸 수 있는 것들이 아주 많아요. 쓰레기는 이름과는 다르게 가능성이 무궁무진한 친구들인 거죠.

그럼 이쯤에서 쓰레기를 새롭게 정의해 보는 건 어떨까요? '쓰레기'가 아닌 '쓸 애기'라고요. 단순한 말장난 같겠지만 이건 아주 중요한 문제예요. 우리가 쓰레기를 '못 쓰게 되어 버릴 물건'으로 대할지, '다시 쓸 자원'으로 대할지가 여기에 달렸으니까요.

예전에는 비닐봉지로 석유를 만드는 기술처럼 돈이 안 되는 사업은 기업에서 관심을 가지지 않았어요. 하지만 환경 문제에 관심을 갖는 사람이 많아지자, 기업들도 쓰레기를 다시 써 보려는 노력을 하고 있어요.

　생각해 보세요. 10초마다 1개씩 버려지는 24만 개의 비닐봉지를 석유로 바꾼다면, 얼마나 많은 기름을 얻을 수 있겠어요? 우리가 쓰레기를 어떻게 생각하느냐에 따라, 쓰레기의 쓰임새도 달라지는 거예요.

　동물이 먹고 생활하면서 발생시키는 것은 쓰레기라 부르지 않아요. 다시 자연으로 돌아가니까요. 다시 말해서 쓰레기는 동물도, 식물도 아닌 바로 우리 인간이 만드는 거예요. 쓰레기를 만든 것도 인간이니까, 쓰레기를 줄이는 것 또한 인간이 할 수 있다고 믿어요.

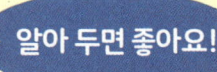 알아 두면 좋아요!

쓰레기와 탄소 발자국이 무슨 상관이에요?

'탄소 발자국'이라는 말 들어 보셨나요? 탄소 발자국이란, 인간이 하는 모든 활동에서 발생하는 온실가스, 특히 이산화탄소의 전체 양을 의미해요. 2006년, 영국 의회 과학 기술처에서 처음으로 내놓은 말이지요. 지구 온난화 문제가 날로 심각해지자 생활 속에서라도 이산화탄소를 줄여 보자는 취지에서 만들어졌어요. 탄소 발자국은 킬로그램 또는 실제 광합성을 해서 줄일 수 있는 이산화탄소의 양을 나무의 수로 바꿔서 표시해요. 몇몇 나라에선 물건을 만들고 유통하는 과정에서 발생하는 이산화탄소 배출량을 제품에 표기하고 있어요. 우리나라에서도 2009년부터 쓰이고 있는 말이에요.

우리가 일상 속에서 버리는 각종 쓰레기들은 많은 양의 탄소 발자국을 남겨요. 쓰레기를 처리하는 과정에서 메탄, 이산화탄소 등 온실가스가 생기거든요. 특히 음식물 쓰레기는 온실가스의 새로운 주범으로 떠오를 만큼 탄소를 많이 발생시키고 있어요. 이렇듯 쓰레기는 만들어지는 과정에서도, 버리는 과정에서도 끊임없이 탄소 발자국을 남기고 있어요.

우리나라도 쓰레기가 문제인가요?

세계 최고 쓰레기산이 우리나라에 있었다고?

한때 우리나라에 세계 최고의 쓰레기산이 있었다는 사실 알고 있나요? 지금은 월드컵 공원으로 바뀐 '난지도'라는 쓰레기 매립지에는 아주 커다란 쓰레기산이 있었다고 해요. 이 쓰레기산은 계속해서 커지다가, 결국 세계에서 가장 높은 쓰레기산으로 기록되었어요. 그 높이가 98미터나 되었다고 하니, 얼마나 거대한지 상상이 되나요?

쓰레기가 늘어나는 가장 큰 이유는 바로 플라스틱 일회용품 때문이에요. 플라스틱은 잘 썩지도 않고, 가벼운 데다가 만드는 비용도 적게 들어서 널리 사용되고 있어요. 우리나라에서는 1988년 서울 올림픽 대회 이후부터 일회용품 플라스틱 사용량이 빠르게 늘어났어요. 산업화가 가속화되면서 걷잡을 수 없이 많은 쓰레기가 생겨났고요.

우리 사회가 가지고 있는 쓰레기 문제

쓰레기는 우리 사회에 어떤 문제를 불러일으킬까요? 우리 사회가 가진 쓰레기 문제를 5가지로 정리해 보아요.

❶ 제조·생산

요즘은 알록달록 화려한 색을 자랑하는 장난감이 많이 생산되고 있어요. 하지만 이런 장난감은 여러 종류의 플라스틱이 섞였기 때문에 재활용이 어려워요.

❷ 유통·소비

예쁘게 포장된 물건이 많아지면서 포장에 사용되는 폐기물도 어마어마하게 늘고 있어요. 물건보다 포장의 크기가 더 큰 제품을 살 땐 한숨부터 나와요.

❸ 분리·배출

한 번 배달 음식을 시키면 5개가 넘는 쓰레기가 나와요. 반찬통, 소스통, 비닐봉지, 일회용 숟가락, 나무젓가락……. 이 많은 쓰레기를 어떻게 분류해서 버려야 할지 막막해요.

❹ 수거·선별

매번 쓰레기를 어디에 버려야 할지 헷갈려요. 정확한 장소에 쓰레기를 배출할 수 있도록 배출 장소에 관한 정보가 많이 알려지면 좋겠어요. 수거한 쓰레기를 선별하는 일도 문제예요. 선별장에선 쓰레기를 일일이 손으로 분류하기 때문에 선별하지 못한 쓰레기가 넘쳐나요.

❺ 재활용

그동안 국가에서 직접 쓰레기를 관리하는 줄 알았는데, 알고 보니 30퍼센트 정도만 관리한다고 해요. 나머지는 일반 기업에서 맡고 있고요. 그러다 보니 환경보다는 기업의 이익에 맞는 쓰레기만 재활용되고 있어요.

우리나라보다 일찍 산업이 발달한 유럽 국가들도 오늘날 우리가 겪는 쓰레기 문제를 먼저 겪었어요. 네덜란드, 노르웨이 역시 1990년대 후반까지만 해도 전체 쓰레기 중 20퍼센트가 넘는 양을 매립했다고 해요. 이들도 처음에는 쓰레기 문제로 골머리를 앓았지만, 지금은 쓰레기 매립량을 줄이는 데 성공했어요. 모두가 머리를 맞대 의논하고 노력한 결과지요. 우리나라도 쓰레기 문제를 해결하기 위해 여러 정책을 내놓고 있지만, 아직은 더 많은 노력이 필요한 게 현실이에요.

> **알아 두면 좋아요!**

쓰레기산은 왜 만들어지는 걸까요?

2019년, 미국 케이블 채널 CNN은 경북 의성의 쓰레기산을 크게 보도했어요. 2016년부터 170만 톤이 넘는 쓰레기를 마음대로 들여오고, 멋대로 버린 사람들 때문에 지역 주민들이 고통받고 있다는 거예요. 의성군청은 여러 차례 영업 정지, 과징금, 허가 취소, 폐기물 처리 명령 등의 처분을 내렸지만 사람들은 쓰레기 무단 투기를 멈추지 않았어요. 게다가 쓰레기에 흙, 모래, 철재, 생활 쓰레기가 뒤섞여서 처리하기가 쉽지 않았어요.

2022년 기준으로 전국에는 437여 곳의 쓰레기산이 존재했어요. 그 양은 191만 톤에 달하고요. 2022년 8월까지 이 중 157만 8천 톤을 치웠지만, 쓰레기산은 언제든 다시 생길 수 있어요.

그렇다면 이렇게 엄청난 양의 쓰레기를 아무 데나 버리는 이유가 뭘까요? 쓰레기를 올바로 처리하려면 비용이 발생하기 때문이에요. 쓰레기 처리 비용을 아끼기 위해 정해진 장소에 버리지 않고, 산이나 바다에 몰래 버리는 거죠. 심지어 불법 폐기물을 버리다 적발돼도 쓰레기를 처리하는 비용보다 벌금이 싸기 때문에 대놓고 버리는 경우가 많다고 해요.

기후 위기와 쓰레기가 무슨 상관이에요?

쓰레기가 기후 위기를 부른다고?

 기후 문제가 발생하는 가장 큰 이유는 바로 온실가스 때문이에요. 온실가스는 원래 지구 대기를 따뜻하게 데워서 우리가 얼어 죽지 않게 도와줬어요. 하지만 지금은 필요 이상으로 많아져서 지구를 뜨겁게 만들고 있지요.

 온실가스는 주로 화석 연료를 사용할 때 발생해요. 그런데 앞으로는 쓰레기가 온실가스의 주범이 될지도 모른다는 이야기가 나오고 있어요. 쓰레기와 온실가스가 무슨 상관일까요? 잘 이해가 되지 않는다고요?

음식물 쓰레기는 썩는 과정에서 온실가스를 배출해요. 이때 발생하는 메탄가스는 이산화탄소보다 온실 효과가 무려 20배나 강력하지요. 2018년, 쓰레기 분야에서 배출된 온실가스는 약 1,710만 톤이었어요. 어마어마하죠?

앞으로는 플라스틱 쓰레기가 석탄보다 더 많은 온실가스를 내뿜을지도 모른다는 연구 결과도 있어요. 더군다나 코로나19의 영향으로 생활 쓰레기도 엄청나게 늘어난 상황이에요. 기후 위기를 막으려면 쓰레기를 줄이려는 노력이 필요한 거예요.

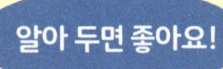 알아 두면 좋아요!

기후 위기의 최대 피해자가 어린이라고요?

기후 위기의 최대 피해자는 누구일까요? 기업일까요? 아니면 국가일까요? 아동 구호 단체 유니세프는 기후 위기의 가장 큰 피해자가 어린이라는 내용의 보고서를 발표했어요. 유니세프에 따르면 전 세계 어린이 4명 중 1명은 이미 기후 위기의 영향을 받고 있으며, 2050년까지 엄청난 폭염에 노출될 거라고 해요. 폭염이 계속되면 어른보다 신체 조절 능력이 떨어지는 어린아이들은 심하면 목숨까지 잃을 수 있는 심각한 상황이 벌어져요.

어른들이 편하게 살기 위해 세운 공장에서는 하루에도 엄청난 양의 물건이 쏟아져 나와요. 그 과정에서 온실가스가 무분별하게 배출되고, 자라나는 어린이들에게 치명적인 영향을 끼치고 있죠.

스웨덴 출신의 그레타 툰베리는 학교 등교와 수업을 거부하며 기후 위기의 심각성을 알렸어요. 지금도 세계 여러 나라의 지도자들을 만나 미래 세대를 위해 탄소 배출을 줄일 것을 요구하고 있어요. 이렇듯 어린이, 청소년들도 기후 위기에 적극적으로 목소리를 높이고 있는 상황이에요.

기후 위기와 쓰레기 문제는 더 이상 어른들만의 문제가 아니에요. 아니, 따지고 보면 기후 위기의 당사자는 어린이라고 할 수 있죠. 2020년에 태어난 아이들은 1960년에 태어난 어른보다 이상 기후 문제를 4배 이상 겪는다고 할 정도니까요.

우리는 쓰레기를 얼마나 버릴까요?

내가 버린 쓰레기 바로 알기

내가 버리는 쓰레기가 얼마나 될지 생각해 본 적 있나요? 쓰레기 문제를 해결하기에 앞서, 우리 생활 속에서 얼마나 많은 쓰레기가 나오는지부터 알아봐야 해요. 쓰레기를 어떻게 버리는지 평소 습관을 파악해야 쓰레기를 줄여 나갈 수 있을 테니까요. 한 아이가 쓴 쓰레기 일기장을 함께 살펴볼까요?

20XX년 XX월 X일
제목 : 쓰레기가 너무 많다.

　　오늘 아침엔 맛있는 샌드위치를 먹었다. 샌드위치는 **비닐 포장지**로 싸여 있었다. 샌드위치를 먹으면서 **팩에 담긴 주스**를 뜯었다. 팩 옆에 붙은 **빨대**를 꽂아서 주스를 먹으려는데, 앗! 주스를 흘리는 바람에 **물티슈**로 닦아 냈다.

　　점심시간에는 내가 안 좋아하는 **나물 반찬**이 나왔다. 그래서 밥을 많이 남겼다. 하굣길에서 **전단지**를 받았다. 버릴 곳이 없어서 주머니에 넣고 집에 와서 버렸다.

　　오늘 저녁은 맛있는 피자! 그런데 피자를 시키면 **피자 박스**와 **소스통**, 여러 **일회용품**이 나올 텐데……. 호랑이는 죽어서 가죽을 남기고 사람은 죽어서 이름을 남긴다는데, 나는 쓰레기만 남기고 있는 것 같다.

　　비닐, 물티슈, 주스팩, 빨대……. 학교에 가기도 전인데 버린 쓰레기가 4개가 넘어요. 잘 기억이 나지 않아서 쓰지 못한 쓰레기는 훨씬 많을 거예요. 이렇게 쓰레기 일기장을 써 보면, 내가 하루에 쓰레기를 얼마나 많이 버리는지 알 수 있어요. 또 너무 습관처럼 버려서 알아채지 못했던 쓰레기들도 확인할 수 있지요. 일기장을 쓰기 번거롭다면, 무슨 쓰레기를 버렸는지 간단하게 일지를 작성해 봐도 좋아요. 26페이지에 있는 '쓰레기 일지'를 참고해 보세요.

쓰레기 일지

● 월 ● 일 ● 요일

언제 버렸나요?	무슨 쓰레기를 버렸나요?	개수
ex) 오전 9시	주스팩, 빨대, 먹다 남은 빵	3개
	합계:	

우리나라는 쓰레기를 얼마나 버릴까?

환경부에서 실시한 제6차 전국 폐기물 통계 조사에 따르면, 우리가 1인당 하루에 버리는 쓰레기양은 거의 1킬로그램이 된다고 해요. 여기서 가장 높은 비율을 차지한 건 종량제 봉투에 버리는 생활 폐기물이었고요. 음식물 쓰레기가 2위를 차지했고, 3위가 재활용 쓰레기였어요.

1위를 차지한 종량제 봉투 속에는 어떤 쓰레기가 있는지 살펴볼까요? 종량제 봉투 속에서 가장 많이 발견된 건 플라스틱을 포함한 폐합성수지류

였어요. 그다음으로는 물티슈류가 많았고, 음식물류와 마스크류 순으로 많았어요. 특히 폐합성수지류는 제5차 조사와 비교해 1.7배 이상이 늘었고, 물티슈류는 2배 이상 증가했어요. 환경부는 코로나19의 영향일 것이라 설명했어요. 격리 생활을 하거나 학교에 가지 않는 기간이 늘면서, 집에서 배달 음식을 시켜 먹는 횟수도 눈에 띄게 늘어났으니까요.

특히 이번 폐기물 조사에서는 재활용되지 못한 채 쓰레기로 버려진 일회용품이 얼마나 되는지 처음으로 조사했어요. 한 사람이 하루에 버리는 일회용품은 약 37그램이었어요. 그중 종량제 봉투에 버리는 양은 약 26그램으로, 재활용으로 분리배출 하는 쓰레기보다 2배나 많았어요.

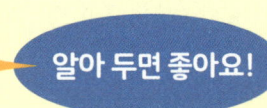

쓰레기로 이루어진 나라가 있다고요?

지도에는 없지만 쓰레기로 이루어진 섬이 있어요. 'GPGP' 혹은 '태평양 거대 쓰레기 지대'라 불리는 이 섬은, 세계 곳곳에서 제대로 처리되지 않은 쓰레기가 모여 만들어졌어요. 1997년, 미국인 요트 선수 찰스 무어가 요트로 로스앤젤레스에서 하와이까지 건너는 경기에 참가하다가 우연히 이 섬을 발견했어요. 이 거대한 쓰레기섬은 면적이 160만 제곱킬로미터, 그러니까 한국 땅의 16배가 넘어요. 무게는 8만 톤이나 되고요. 지금까지 무려 1조 8천억 조각의 쓰레기가 모였다고 해요.

그렇다면 이 어마어마한 쓰레기는 어디서 왔을까요? 바다에 버려진 쓰레기는 북태평양 환류라 불리는 순환 해류를 타고 떠다니다가 쓰레기섬에 모여요. 일본에서 지진 해일이 일어나면 더 많은 쓰레기가 모이지요. 더욱 놀라운 사실은 이런 쓰레기섬이 북대서양, 인도양 등에 4개나 더 있다는 거예요. 쓰레기섬은 계속해서 커지고 있고, 나라와 나라 사이에 걸쳐 있어서 어떤 나라도 먼저 나서서 해결하려 하지 않았어요.

2017년, 이를 참다 못한 사람들이 행동에 나섰어요. 온라인 미디어 기업 '라드 바이블'과 '플라스틱 오션 재단'은 유엔에 쓰레기섬을 국가로 인정해 달라는 신청서를 제출했어요. 전 세계에 쓰레기섬의 심각성을 알리기 위해서였죠. 이후 여러 캠페인이 생겨났고, 정식 의회를 통해 여권, 화폐, 국기, 우표가 만들어졌어요. 쓰레기섬이 국가로 인정받으면 유엔이 정한 규정에 따라서 주변 국가가 쓰레기를 치워야 할 의무가 생겨요.

미국의 전직 부통령인 엘 고어가 이 청원에 참여해 쓰레기섬의 제1호 국민이 되었고, 20만 명 이상의 시민이 모였어요. 나라 이름은 쓰레기 잔해를 의미하는 '데브리'로 지어졌어요. 데브리의 화폐에는 플라스틱으로 고통받는 해양 생물의 모습이 그려져 있어요.

쓰레기는 어떻게 처리하나요?

쓰레기 처리 방법

쓰레기를 처리하는 방법은 크게 3가지로 나뉘어요. 첫 번째는 땅에 묻는 매립, 두 번째는 불에 태우는 소각, 세 번째는 분리배출 해서 재활용하는 방법이에요.

미국처럼 땅이 넓은 나라는 주로 쓰레기를 땅에 묻어요. 이전에는 몇몇 선진국이 유해 폐기물을 다른 나라로 수출해서 많은 비판을 받았어요. 말

이 수출이지, 쓰레기를 가져다 남의 나라에 버리는 것과 다름없었거든요. 2021년부터는 바젤 협약에 따라, 폐플라스틱은 생산한 나라에서 직접 처리해야 해요.

스웨덴처럼 땅이 좁은 나라는 주로 쓰레기를 태워서 처리하고 있어요. 쓰레기를 태우면 부피가 많이 줄어드니까요. 일본이나 싱가포르는 쓰레기를 태우고 남은 재를 바다에 묻어 육지로 만들기도 해요. 쓰레기로 만든 '간척지'인 셈이에요. 하지만 오염 물질이 바다로 흘러 나갈 위험이 있어서 우리나라에서는 하지 않고 있어요.

우리나라는 쓰레기를 어떻게 처리할까?

우리나라는 매립과 소각, 분리배출 하는 방법 모두 사용해요. 2021년 기준, 우리나라가 쓰레기를 매립하는 비율은 5퍼센트로 가장 낮았고, 소각은 5.3퍼센트로 그다음으로 낮았어요.

그렇다면 분리배출 하는 비율은 얼마나 될까요? 환경부 통계에 따르면 우리나라의 재활용률은 80퍼센트가 넘는다고 해요. 이걸 보고 '우리나라는 쓰레기를 잘 버리고 있어!'라고 생각하면 곤란하답니다. 여기에는 함정이 숨어 있거든요. '재활용률 80퍼센트'는 실제 재활용된 쓰레기가 아닌, 분리배출 한 쓰레기 중 재활용 업체가 가져간 비율이라고 해요.

게다가 모든 쓰레기는 '수거→선별→처리'의 과정을 거치는데, 선별 단계에서 재활용될 수 없는 쓰레기는 다시 버려요. 시간과 노력을 들여서 열심히 분리배출 해도, 대부분의 쓰레기는 재활용되지 못하고 매립지나 소각장으로 향하고 있는 거예요.

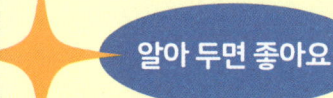 알아 두면 좋아요!

집 앞에 버린 쓰레기는 누가 가져갈까?

우리가 집 앞에 쓰레기를 버리면 쓰레기 수거 업체에서 정해진 요일에 쓰레기를 가져가요. 쓰레기를 수거한 청소차가 각 선별장에 도착하면, 선별장에서는 재활용이 가능한 쓰레기와 그렇지 않은 쓰레기로 분류하지요. 이를 선별 작업이라 해요. 재활용 가능한 쓰레기들은 새로운 제품이 되어 다시 소비자에게 돌아가지만, 그렇지 않은 쓰레기는 매립되거나 소각되고 있어요.

쓰레기는 어디로 갈까요?

쓰레기의 일생

앞서 쓰레기가 어떻게 처리되는지 방법들을 자세히 살펴봤어요. 그렇다면 우리가 버린 쓰레기들은 어디로 가고, 또 우리에게 어떤 영향을 끼칠까요?

1. 일회용 컵 (플라스틱)

● **플라스틱 쓰레기의 일생**

선별장에 도착한 플라스틱은 오염된 플라스틱과 다른 물질이 섞인 플라스틱으로 분류해요. 플라스틱이 재활용 원료로 다시 태어나기 위해서는 철사, 고무 등 함께 딸려 들어온 물질을 골라내는 작업이 필요하거든요. 2가지 이상의 물질이 섞인 플라스틱 역시 따로 분류하고 있어요. 이런 복합 재질은 가공하면 원료의 질이 떨어지고, 일일이 분리하기에는 비용이 많이 들기 때문에 폐기물로 처리돼요. 선별장으로 온 플라스틱 쓰레기 중 실제 활용 가능한 자원으로 재탄생하는 비율은 절반에 그친다고 해요.

2. 김밥 (음식물 쓰레기)

● **음식물 쓰레기의 일생**

　2021년 기준, 우리나라 음식물 쓰레기 배출량은 약 490만 톤이라고 해요. 매일매일 약 1억 3천 톤에 이르는 양이 버려지고 있는 거예요. 버려진 음식물 쓰레기는 다양한 방식으로 활용되고 있어요. 음식물 쓰레기에서 나온 액체인 음폐수는 바이오 에너지(바이오매스)로 활용하고 있어요. 나머지는 고온으로 건조한 후 냉각 건조기에서 식혀서 비료나 가축의 사료로 활용해요. 요즘에는 동물 복지 의식이 높아져서 사료로 활용되는 경우는 줄고 있어요.

3. 우유팩과 신문지 (종이팩과 종이류 쓰레기)

- **종이팩과 종이류 쓰레기의 일생**

우리나라에서 1년 동안 배출되는 7만 톤의 종이팩 중 70퍼센트는 재활용되지 못하고, 일반 쓰레기가 된다고 해요. 종이팩과 종이류 쓰레기를 따로 버려야 한다는 사실을 모르는 사람이 많기 때문이에요. 이 종이팩만 제대로 버려도, 우리나라 인구 3명 중 1명이 1년 동안 사용할 수 있는 화장지 2억 1천 롤을 만들 수 있는데 말이에요.

제대로 분리배출 한 종이는 화장지나 재생지로 만들 수 있어요. 겉에 인쇄된 잉크와 불순물을 제거한 후, 엠보싱 처리를 하면 화장지가 만들어져요. 재생 종이 역시 잉크와 불순물을 제거한 뒤 여러 과정을 거쳐 만들어져요.

4. 사과 주스 병 (유리병)

- **유리병의 일생**

유리병은 잘 버리기만 한다면 재사용률이 가장 높은 쓰레기예요. 하지만 껌이 붙었거나, 라벨이 떨어지지 않은 유리병은 재활용이 어려워서 폐기물로 처리돼요. 유리병을 버릴 때는 병 안에 든 쓰레기를 제거하고, 깨질 위험이 있기 때문에 뚜껑을 닫아서 버리는 게 좋아요.

선별장으로 간 유리병 중 색이 있는 경우는 색깔끼리 분류해요. 재활용이 가능한 색은 흰색, 초록색, 갈색이에요. 분류한 유리병은 세척, 멸균 과정을 거친 후 재사용하거나, 잘게 부순 뒤 녹여서 유리 재생 원료로 만들어요. 이 원료는 공장에서 유리병으로 재탄생해요.

쓰레기는 우리에게 어떤 영향을 끼칠까?

Q1. 바다에 쓰레기를 버리면 어떻게 될까요?

여름철이 되면 넘쳐나는 쓰레기 때문에 바다가 몸살을 앓고 있어요. 쓰레기가 바다로 가면, 쓰레기를 먹이인 줄 알고 먹는 물고기들이 집단 폐사할 수 있어요. 또 바닷물이 오염돼서 바다 생물들이 서식지를 잃게 되지요. 잘게 쪼개진 플라스틱 쓰레기들은 바다 생물들의 몸으로 들어가고, 그 물고기를 먹는 우리 몸에도 미세 플라스틱이 쌓여요.

Q2. 땅속에 묻은 쓰레기는 어떻게 될까요?

쓰레기를 땅에 묻으면 침출수(쓰레기를 땅에 묻었을 때 생기는 더러운 물)가 흘러나와서 지하수와 하천이 오염돼요. 썩는 냄새도 고약하지요. 더러운 물을 마신 땅속 생물들은 목숨을 잃거나, 오염된 서식지를 떠나요. 요즘은 쓰레기 처리 기술이 발전해서 독성이 생긴 썩은 물은 관을 통해 밖으로 내보내거나, 메탄가스를 모아서 생화학 에너지로 다시 사용하기도 해요. 그렇지만 쓰레기는 기본적으로 땅속에 묻지 않는 것이 좋아요.

Q3. 태운 쓰레기는 어떻게 될까요?

쓰레기를 태우면 다이옥신이 나와요. 다이옥신은 강력한 발암 물질로, 백혈병과 각종 피부 질환을 일으키고, 불임의 원인이 되거나 배 속의 아기에게 안 좋은 영향을 끼쳐요. 눈에 보이지 않는다고 함부로 다루면 무시무시한 일이 벌어질 수 있는 거예요. 쓰레기를 태울 때 나오는 재는 미세 먼지가 되어 대기 오염을 일으키지요. 하지만 소각장에서 적당한 양을 기술적으로 안전하게 처리하면 괜찮아요. 발전소에서 쓰레기를 태우면 열과 가스를 이용해 에너지를 만들 수 있어요.

알아 두면 좋아요!

쓰레기를 처리하는 슬기로운 도시

놀거리가 가득한 하남시 유니온 파크

2015년, 약 3천억 원을 들여서 만든 종합 폐기물 처리 시설이에요. 최첨단 공법인 밀폐 장치를 설치해서 쓰레기 냄새가 전혀 나지 않는다고 해요. 우리나라에서는 최초로 폐기물 처리 시설과 하수 처리 시설을 지하에 설치했어요. 하루에 최대로 소각할 수 있는 쓰레기가 48톤이나 된다고 해요. 물놀이 시설과 체육 시설, 산책로 등 편의 시설이 있어서 시민들이 휴식을 취하고 자유롭게 여가를 즐길 수 있어요.

지역의 랜드마크가 된 슈피텔라우 쓰레기 소각장

오스트리아의 천재 예술가인 훈데르트바서가 디자인한 쓰레기 소각장이에요. 오스트리아 빈에 위치한 이 소각장은 1971년에 지어졌지만, 불이 나는 바람에 주요 시설이 대부분 파괴되었어요. 주민들은 소각장을 다른 지역으로 옮기기를 원했지만, 빈 시장의 지속적인 노력으로 1992년, 도시의 전기와 난방을 공급하는 예술 소각장으로 재탄생할 수 있었어요.

스키를 타러 쓰레기 소각장에 간다고?

2017년 문을 연 덴마크 코펜하겐의 열병합 발전소 '아마게르 바케'는 언뜻 보면 언덕처럼 생겼어요. 그래서 '언덕'이라는 뜻의 '힐(hill)'을 붙인 '코펜 힐'이라는 별명도 가지고 있어요. 열병합 기술이란, 냉난방 에너지와 전기를 제공해 주는 기술이에요. 이 발전소는 도심 한복판에 자리 잡고 있으며, 발전소 위에 너비 200미터, 높이 85미터쯤 되는 초록색 슬로프(스키장에서 스키를 탈 수 있는 경사진 곳)가 설치되어 있어요. 코펜하겐은 2025년까지 세계 최초로 탄소 제로 도시를 만들겠다는 야심 찬 목표를 발표했어요. 아마게르 바케는 60만 명이 넘는 주민과 6만 8천여 곳의 사업장에서 배출되는 폐기물을 소각해서 지역에 전기와 열을 공급해 주고 있다고 해요.

코펜하겐의 아마게르 바케

쓰레기는
사라지지 않아요!

썩어야 산다고?

쓰레기를 버리면 눈앞에서 사라지니 깨끗해지는 줄 알았는데, 그건 큰 착각이었어요. 그렇다면 쓰레기가 자연에서 썩어서 없어지는 데 걸리는 시간은 얼마나 될까요?

놀라지 마세요! 우리가 무심코 버렸던 우유팩은 썩는 데 약 2~3개월이 걸리고, 가죽 구두는 50년, 칫솔은 100년 이상이 걸린다고 해요. 내가 태어나기도 전에 버려진 일회용 컵은 아직도 썩지 않고 땅속에 미라처럼 남아 있는 거예요. 스티로폼이나 플라스틱은 500년이 넘게 걸리고요. 이러다가는 훗날 유적이 발굴되는 게 아니라, 플라스틱 무덤을 발굴하는 날이 올지도 모르겠어요.

여러분이 내일 플라스틱 장난감을 버리면, 500년이 지난 2500년에나 겨우 분해된다는 말이에요. 심지어 플라스틱이 발명된 1962년부터 지금까지,

플라스틱이 썩은 걸 본 사람은 아무도 없어요. 정말 무섭지 않나요?

이렇듯 재활용되지 않은 쓰레기는 썩지 않고 끝까지 남아서 지구를 병들게 하고 있어요. 이제껏 썩는 건 안 좋다고만 생각했는데, 썩어야만 우리가 살 수 있는 거였어요. 앞으로는 물건을 살 때도 잘 썩는 것을 골라 사야 할 것 같아요. 그렇지만 썩는다고 해서 무턱대고 많이 사면 안 되겠죠?

종류별 쓰레기가 썩는 데 걸리는 시간

1개월	화장실에서 쓰는 종이 타월이나 휴지, 종이봉투, 신문 등이 썩는 데 걸리는 시간.
6주	시리얼 박스와 바나나 껍질 등이 썩는 데 걸리는 시간. 바나나 껍질은 날씨가 서늘하면 훨씬 더 오래 걸린다.
2~3개월	밀랍으로 코팅한 종이 용기, 우유팩이나 과일 주스팩, 판지 등이 썩는 데 걸리는 시간.
6개월	티셔츠나 얇은 책자 등이 썩는 데 걸리는 시간. 날씨가 따뜻할수록 더 빠르게 분해된다.
1년	가벼운 모직으로 만든 옷이나 양말 등이 썩는 데 걸리는 시간.

2년	오렌지 껍질과 담배꽁초, 공사장에서 쓰인 합판 등이 썩는 데 걸리는 시간. 담배꽁초가 완전히 분해되는 데 10년이 넘게 걸린다는 연구 결과도 있다.
10~20년	비닐봉지는 일반적으로 10~20년이 지나야 땅에서 썩는 것으로 알려져 있다. 성분에 따라 최대 1,000년이 걸린다고 주장하는 전문가도 있다.
30~40년	스타킹 등 나일론 제품이나 일회용 기저귀가 썩는 데 거리는 시간. 날씨나 토양 상태에 따라 분해되는 데 500년이라는 긴 시간이 걸릴 수도 있다.
50년	캔이나 자동차 타이어는 썩는 데 50년 가까이 걸리며, 두꺼운 가죽 신발 같은 일부 의류 제품은 80년이 걸리기도 한다.
200년	알루미늄캔은 썩는 데 200년 가까이 걸린다.
500년 이상	쉽게 쓰고 버리는 플라스틱 생수병은 썩는 데 500년이 걸리고, 유리병은 100~200만 년, 폐건전지는 200만 년 이상 걸릴 수 있다.

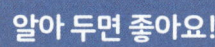
알아 두면 좋아요!

미세 플라스틱이 식탁에 오른다고요?

2019년, 미국 화학 학회에서 충격적인 연구 결과를 발표했어요. 티백 한 개로 우려 낸 차 한 잔 속에서 미세 플라스틱이 116억 개, 나노 플라스틱이 31억 개가 나왔다는 거예요.

플라스틱 중에서 지름이 5밀리미터 이하인 플라스틱을 미세 플라스틱이라고 해요. 미세 플라스틱은 생산 단계에서부터 원료로 사용되기 위해 작게 만들어진 1차 미세 플라스틱, 플라스틱이 마모되거나 쪼개져서 작은 조각이 된 2차 미세 플라스틱으로 나뉘어요.

치약이나 각질 제거제를 보면 깨알 같은 크기로 들어간 작은 알갱이를 볼 수 있어요. 예전에는 이런 알갱이를 플라스틱으로 만드는 경우가 많았어요. 화장품 속 플라스틱 알갱이들은 크기가 너무 작아서 하수 처리장에서도 걸러지지 않아요. 그래서 바다로 흘러 들어가, 플랑크톤부터 물고기까지 다양한 해양 생물들의 먹이가 돼요. 결국 인간에게도 영향을 미치는 거죠.

각 환경 단체에서는 화장품 속 미세 플라스틱 사용을 금지해 달라고 요청했고, 그 결과 2017년부터 씻어 내는 화장품에는 미세 플라스틱을 사용할 수 없게 되었어요. 그렇지만 마스카라, 섀도우 등 색조 화장품에는 아직까지 미세 플라스틱이 사용되고 있다고 해요.

천일염에서도 미세 플라스틱이 많이 검출되고 있어요. 일제 강점기 때 일본은 우리 자원을 마음껏 약탈하기 위해 염전에 플라스틱 소재인 장판을 깔아 놓았어요. 그게 오랜

세월 동안 햇빛과 바닷바람, 바닷물에 부서지면서 소금과 함께 섞인 거예요.

요즘은 페트병으로 티셔츠나 패딩 등을 만들어서 친환경 제품이라며 홍보를 하는 브랜드도 많아요. 하지만 이 제품들을 세탁할 때 많은 양의 미세 플라스틱이 나온다고 해요. 이 문제를 해결하기 위해 다양한 방법이 동원되고 있어요. 세탁할 때 찌꺼기 거름망을 쓰거나, 세탁기에 필터를 다는 거예요. '코라 볼'은 세탁기에서 나온 플라스틱이 하수구로 흘러들어 가는 것을 막는 장치예요. 코라 볼을 넣고 세탁기를 돌린 다음, 코라 볼에 걸러진 찌꺼기를 건져서 쓰레기로 버리면 돼요. 최근에는 처음부터 미세 플라스틱 필터가 장착된 세탁기도 출시되고 있어요.

부록

쓰레기 체크리스트

나는 지구를 지키기 위해서 얼마나 노력하고 있을까요?
아래 체크리스트를 통해, 평소 쓰레기 버리는 습관을 되짚어 봐요.

- ☐ 내가 하루 동안 버리는 쓰레기 세어 보기
- ☐ 버린 쓰레기 중 다시 사용할 수 있는 것은 없었는지 생각해 보기
- ☐ 음식은 먹고 싶은 만큼만 덜어 먹기
- ☐ 내가 버린 쓰레기가 어디로 가는지 알아보기
- ☐ 예쁘다는 이유로 새 장난감 사지 않기
- ☐ 안 쓰는 전기 코드 뽑기
- ☐ 내가 사는 곳의 분리배출 규칙 알아보기
- ☐ 쓰레기와 환경 문제에 관한 기사나 책 읽어 보기
- ☐ 분리배출이 가능한 물건 사기
- ☐ 내가 쓰는 물건이 어떻게 만들어졌는지 알아보기

음식을 먹거나 택배를 뜯고 나서 나오는 쓰레기들을 어떻게 처리해야 할지 고민해 본 적 있을 거예요. 라면 국물에 빨갛게 변한 플라스틱 용기, 양념 치킨 소스가 묻은 포일, 스티커가 붙은 택배 박스……. 매번 버릴 때마다 헷갈리는 분리배출 방법 때문에 머리가 아파 와요. 편의점에서도, 학교에서도, 심지어 집에서도 쓰레기는 계속해서 나와요.
　지금부터 일상생활에서 나오는 쓰레기를 낱낱이 파헤치고, 쓰레기를 '제대로' 버리는 방법에 대해 함께 알아봐요!

쓰레기의 종류

쓰레기에도 종류가 있다고?

쓰레기는 크게 생활 폐기물과 사업장 폐기물로 나뉘어요. 생활 폐기물은 우리가 일반적으로 '쓰레기'라 부르는 것들이에요. 학교나 가정에서 쓰고 버린 플라스틱과 종이, 유리나 작은 전자 제품, 음식물 쓰레기도 생활 폐기물에 속해요. 생활 폐기물 중 다시 자원으로 사용할 수 있는 것들은 재활용품으로 분류하고 있어요.

폐기물의 분류

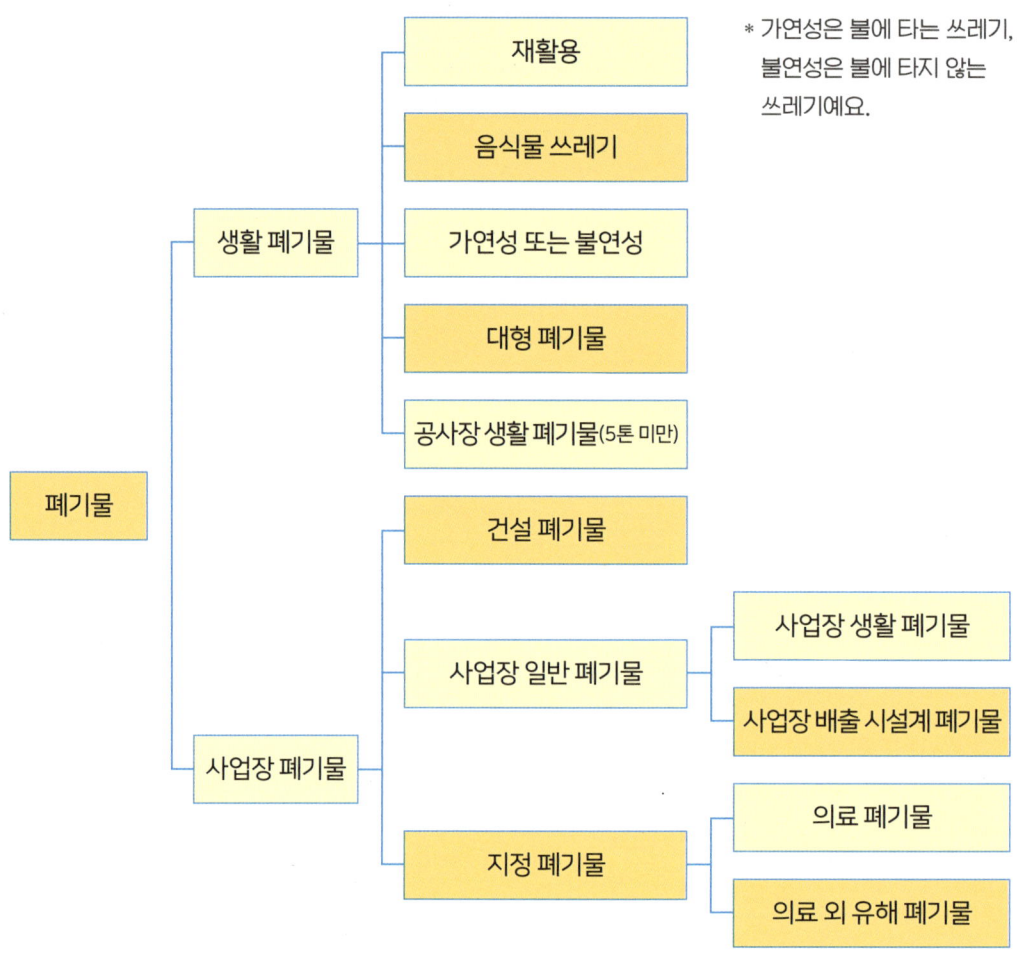

사업장 폐기물은 공장이나 건설 현장에서 나오는 쓰레기예요. 그래서 산업 폐기물이라고도 불려요. 폐수, 동물의 사체, 콘크리트 구조물 등이 여기에 속해요. 산업 폐기물은 대부분 민간 업체에서 처리하고 있어요. 요즘은 아파트 재건축으로 발생하는 쓰레기가 점점 늘면서 여러 문제를 불러일으키고 있어요.

의료 폐기물은 병원이나 보건소 등에서 배출하는 쓰레기를 말해요. 붕대, 기저귀, 주사기 등이 여기에 속하며, 감염병으로 격리된 사람에게서 발생한 쓰레기 또한 의료 폐기물로 지정되어 있어요. 의료 폐기물은 따로 관리해야 하는 폐기물인데, 코로나바이러스가 확산되면서 폐기물의 양 또한 급속도로 늘어났다고 해요.

 알아 두면 좋아요!

올바른 분리배출을 도와주는 앱

내 손안의 분리배출

오늘은 분리배출 하는 날! 그런데 문제가 있어요. 쓰레기를 버릴 때마다 헷갈리는 분리배출 방법 때문에 '초록색 페트병은 어떻게 버리지?', '갈색 유리병은 일반 쓰레기인가?' 같은 고민을 하게 돼요. 하지만 이제 걱정 마세요! 휴대폰 앱 하나면 분리배출도 문제없거든요. 앱 스토어나 구글 플레이 스토어에서 '내 손 안의 분리배출'을 검색해서 다운받으면, 올바른 분리배출 방법을 쉽게 배울 수 있어요. 앱은 '분리배출 요령', 'FAQ', '품목 검색', 'Q&A'로 구성되어 있으며, 알고 싶은 쓰레기 이름을 검색할 수도 있어요.

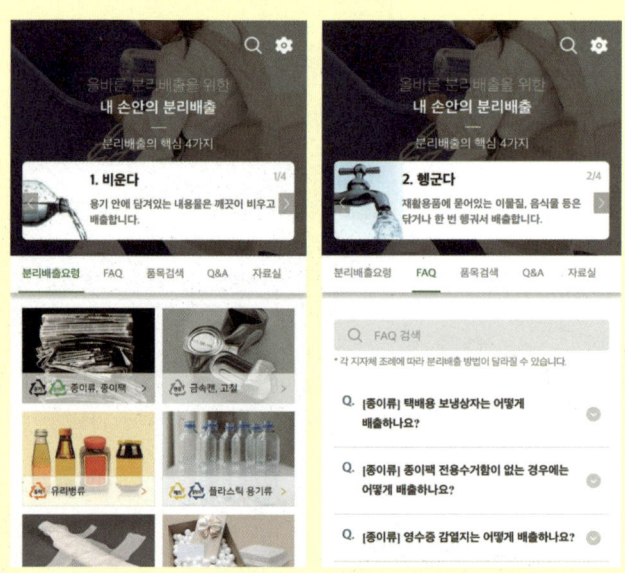

'내 손안의 분리배출' 이용 화면

돈 버는 쓰레기통, 네프론 자판기

'네프론 자판기'는 페트병이나 캔을 깨끗하게 헹궈서 버리면 자동으로 분류해 주는 자연 순환 로봇이에요. 쓰레기를 버리면 얻는 포인트로 적립도 할 수 있고, 봉사 활동 시간으로도 인정받을 수 있어요. 포인트는 현금으로 바꿀 수도 있고요. 수퍼빈 앱을 설치하면 자판기의 위치와 포인트 적립 내역을 한번에 확인할 수 있어요. 실시간으로 네프론 자판기가 환전이 가능한 상태인지도 알려 줘요. 수퍼빈 앱은 수퍼빈 홈페이지나 앱 스토어, 구글 플레이 스토어에서 다운받을 수 있어요.

 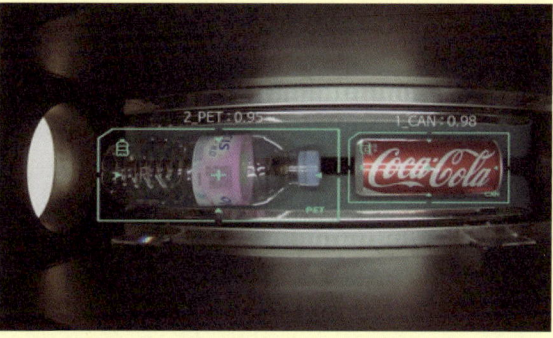

네프론 자판기와 네프론의 내부 모습

종량제,
네 정체를 밝혀라!

쓰레기 종량제 봉투

'종량제'라는 말 많이 들어 봤죠? 종량제란 물건의 무게나 길이 등을 재서 그 양에 따라 세금을 매기는 제도를 뜻해요. 그러니까 '쓰레기 종량제'는 버리는 쓰레기의 양에 따라 세금을 매기는 제도인 거예요. 쓰레기 종량제는 1995년부터 전국적으로 시행되었고, 지정된 봉투에만 쓰레기를 담아 버리는 방식으로 운영돼요. 봉투의 크기가 다르니, 쓰레기양에 맞는 봉투를 사서 쓰면 돼요. 종량제 봉투에는 재활용이 되지 않는 쓰레기를 버려야 해요.

쓰레기 봉투 Q&A

❶ 종량제 봉투는 어디서 파나요? 가격은 얼마예요?

종량제 봉투는 대형 마트, 슈퍼마켓, 편의점 등에서 구입할 수 있어요. 종량제 봉투의 용량은 2리터부터 75리터까지 다양해요. 원래는 10, 50, 75리터 단위밖에 없었지만, 1인 가구가 늘어나면서 2, 3리터 등 작은 단위의 봉투도 제작되고 있어요. 종량제 봉투의 가격은 크기에 따라, 사는 지역에 따라 달라요.

❷ 종량제 봉투에는 어떤 종류가 있어요?

종량제 봉투 종류는 크게 소각용과 매립용 봉투로 나뉘어요. 소각용 봉투는 평소 흔히 보이는 규격 봉투이고, 불에 타는 가연성 쓰레기를 버릴 때 써

쓰레기 구출 대작전 59

요. 오염된 종이, 비닐류, 폐휴지, 기저귀 등이 가연성 쓰레기예요. 매립용 쓰레기봉투에는 불에 타지 않는 도자기, 깨진 유리, 동물 뼈, 조개껍데기 등의 쓰레기를 버리면 돼요. 매립용 쓰레기봉투는 특수 규격 봉투, 혹은 PP 포대라고도 불러요. 이 외에도 음식물을 버릴 때 쓰는 음식물 쓰레기봉투도 있어요.

❸ 언제, 어디에 버려야 하나요?

재활용 쓰레기나 일반 쓰레기를 언제 버려야 할지는 늘 헷갈려요. 이 역시 구마다 다 다르기 때문이에요. 보통 해가 진 후, 집 앞에 버리라는 안내가 많아요. 버리는 요일 역시 지역마다 다르니, 가까운 행정 복지 센터로 문의하는 게 가장 정확해요.

❹ 이사를 가면 이전 지역에서 쓰던 종량제 봉투를 못 쓰나요?

만약 다른 지역으로 이사를 갔는데, 이전에 쓰던 종량제 봉투가 아직 남아 있다면 어떻게 할까요? 이사 간 지역의 행정 복지 센터로 가서 전입자용 종량제 봉투 인증 스티커를 받아서 사용하면 돼요. 서울, 대구, 부산 등의 도시에서는 스티커 없이 다른 구 종량제 봉투를 사용할 수 있다고 해요. 스티커 없이도 다른 지역의 종량제 봉투를 사용할 수 있는 지역이 점점 많아지고 있다고 하니, 꼼꼼히 확인해 보는 게 좋겠어요.

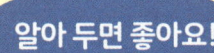
알아 두면 좋아요!

음식물 쓰레기는 어떻게 버려요?

1. 음식물 쓰레기봉투는 어디서 사나요?

음식물 쓰레기봉투는 일반 종량제 봉투와 마찬가지로 편의점이나 슈퍼마켓 등에서 살 수 있어요. 단위로는 1, 2, 3, 5, 10, 20리터가 있어요.

2. 음식물 쓰레기는 어디에 버리나요?

일반 주택에 산다면 음식물 쓰레기를 전용 종량제 봉투에 담은 뒤, 지정된 요일에 전용 용기에 배출해요. 납부 필증을 붙여서 버리는 경우, 음식물 쓰레기 배출 용기에 버려요. 배출 용기는 지역 내 전용 용기 판매점이나, 일반 마트에서 살 수 있어요.

전자 태그(RFID)를 활용한 방식으로 음식물 쓰레기를 버리기도 해요. 전자 태그 종량제란 개별 인식 카드를 이용해 가정별로 배출한 음식물 쓰레기의 무게를 재서 배출한 만큼 수수료를 부과하는 방식을 말해요. 다량 배출 사업장(음식점)의 경우에는 업체에 맡겨서 처리해요.

3. 이것도 음식물 쓰레기인가요?

달걀 껍데기는 음식물 쓰레기가 아니기 때문에 일반 쓰레기로 버려요. 양파, 마늘 등의 껍질도 일반 쓰레기로 버려야 해요. 채소의 뿌리, 단단한 씨도 일반 쓰레기로 분류돼요. 동물의 뼈와 비계, 내장도 마찬가지예요.

쓰레기를 잘 버리는 마법의 공식

비헹분섞을 아시나요?

재활용 쓰레기를 분리배출 하는 방법에도 공식이 있어요. 자, 따라 해 볼까요? 비헹분섞! 무슨 말이냐고요? '비운다, 헹군다, 분리한다, 섞지 않는다'의 앞말을 따서 '비헹분섞'이라고 하는 거예요. 이것만 알아도 분리배출의 절반은 성공한 거예요.

재활용 분리배출은 이렇게 하세요!

플라스틱 쓰레기를 예로 들어 볼까요? 먼저 플라스틱 용기 안에 있는 내용물을 깨끗하게 **비우세요.** 그리고 물로 깨끗하게 **헹궈야 해요.** 음료수가 남았거나 음식물이 묻어 있으면 재활용 선별장까지 이동하는 동안 썩어서 고약한 냄새가 날 수 있거든요. 이때 생기는 가스는 선별장에서 일하시는 분들의 건강을 위협할 수도 있고요.

용기를 헹구고 나면 라벨이나 스티커 등 플라스틱과 다른 재질은 **분리해요.** 실제 작업장에서는 인력이 부족해서 라벨이 붙은 플라스틱은 일반 쓰레기로 버리는 경우가 많다고 해요. 자, 이제 마지막 단계가 남았네요. 깨끗해진 재활용 쓰레기를 종류, 성질, 상태별로 **섞이지 않게** 구분해서 분리수거함에 버리면 돼요. 어때요? 분리배출, 참 쉽죠? 이제 잘할 수 있겠죠?

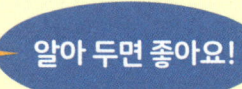
알아 두면 좋아요!

쓰레기를 올바르게 버리는 도시

제주도 '재활용 도움 센터'

제주도는 관광객들이 많이 찾는 섬이라 특별한 관리가 필요해요. '재활용 도움 센터'는 요일이나 시간에 상관없이 쓰레기를 버릴 수 있는 시설이에요. 제주시에는 32개, 서귀포시에는 24개나 설치되어 있어서 접근하기도 쉽지요. 게다가 도우미 직원분이 항상 계셔서 언제든 분리배출 방법을 물어볼 수 있고, 빈 병을 가져가면 보증금을 바로 환불받을 수 있어요. 우유팩과 종이컵을 가져가면 화장지나 갑티슈로 교환해 주기도 해요.

서울시 은평구 '재활용 그린 모아모아'

'그린 모아모아'는 주민들이 집 앞이 아닌 정해진 장소에 재활용품을 모아서 한 번에 버리는 사업이에요. 정해진 배출 장소에는 자원 관리사가 계셔서 분리배출 방법을 자세히 안내해 줘요. 은평구는 2021년 한 해 이 사업을 통해 재활용품 356톤을 수거했다고 해요.

서울시 성동구 '성동 푸르미 재활용 정거장'

성동구가 운영하는 '푸르미 재활용 정거장'은 주택가에 설치된 재활용 정류장을 통해 시민들의 재활용 분리배출을 돕는 사업이에요. 목요일과 일요일 저녁 7시부터 9시까지 2시간 동안 운영되며, 2023년 기준 116곳이 설치되었어요. 정거장마다 자원 관리사가 있어요.

경기도 성남시 '자원 순환 가게 re100'

성남시에는 '자원 순환 가게 re100'이 있어요. 're100'은 재생 에너지를 뜻하는 'Renewable Energy 100%'의 약자예요. 환경에 악영향을 주는 에너지 대신 재생 에너지를 소비하여 환경을 보호하자는 의미를 가지고 있어요. 이곳 자원 순환 가게로 재활용 쓰레기를 가지고 오면, 배출한 양에 따라 현금으로 보상받을 수 있어요. '에코투게더(eco2gather)' 앱을 설치하면 받을 수 있는 금액도 미리 알 수 있지요.

분리배출 표시 제대로 읽는 법

헷갈리는 분리배출 표시

분리배출 할 수 있는 쓰레기와 그렇지 않은 쓰레기는 어떻게 구별할까요? 음식을 먹거나 물건을 사용하고 난 다음 남은 포장재를 보면, 삼각형 모

재활용 분리 표시

양의 표시가 있을 거예요. 거기에 삼각형을 둘러싸고 있는 화살표가 있다면 재활용이 된다는 의미예요. 화살표 중앙에 종이, 유리, 플라스틱, 캔 등 재질에 따라 종류가 쓰여 있어요.

그런데 우산처럼 여러 재질이 섞인 쓰레기는 어떻게 버려야 할까요? 환경부에서는 그런 고민을 덜기 위해 2022년부터 도포·첩합 표시를 만들었어요. 제품에 2가지 이상의 재질이 섞여 있어서 소비자가 직접 분류하기 어려울 경우에 쓰이는 표시예요. 도포·첩합은 제품 겉면에 코팅이 되었다는 걸 의미해요. 아래의 표시가 보이면 고민할 필요 없이 바로 종량제 봉투에 버리면 돼요.

도포·첩합 표시

2024년부터는 분리배출 표시에 배출 방법도 함께 적어야 한다고 해요. 원래는 재질만 적혀 있어서 어떻게 버려야 할지 헷갈릴 때가 많았는데, 앞으로는 분리배출이 조금 더 쉬워질 것 같아요.

라벨을 떼서

2024년부터 바뀌는 분리배출 표시

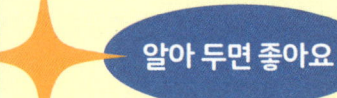 알아 두면 좋아요!

재활용 마크 속 숫자, 무슨 의미예요?

해외에서 구매한 상품을 보면 한글 대신 숫자가 적힌 표시가 있어요. 미국과 유럽에서 사용하는 '분리배출 코드'예요. 모두 플라스틱처럼 보이겠지만, 재활용이 안 되는 숫자도 있어서 잘 살펴야 해요.

분리배출 코드

우리나라도 처음에는 분리배출 코드를 따랐지만, 숫자로 되어 있어서 헷갈려하는 사람이 많았다고 해요. 그래서 보기 편하도록 중앙에 한글로 재질을 써 두는 표기법으로 바뀌었어요.

그럼 이렇게 숫자와 영어만 표기된 제품을 버릴 땐 어떻게 분류해야 할까요? 먼저 1번 PET 혹은 PETE는 페트 재질로, 투명한 것들만 재활용이 가능해요. 2, 4, 5, 6번은 플라스틱으로 분리배출 하고, 3번 V혹은 PVC라 쓰인 재질은 일반 쓰레기로 버려요. 열에 약하고 태우면 환경 호르몬이 나와서 실제로 재활용이 어렵거든요.

종류별 분리배출 방법

알면 알수록 헷갈리는 쓰레기

　전단지는 재활용이 될까요? 택배 송장이 붙은 박스는요? 칫솔은 어떻게 버릴까요? 분리배출 방법에 대해 충분히 공부했다고 생각했는데, 어떻게 버려야 할지 애매한 쓰레기들을 만날 땐 막막해요. 알면 알수록 헷갈리는 쓰레기 분리배출 방법! 지금부터 한 번에 정리해 봐요.

1. 종이

코팅이 되어 있지 않고, 다른 물질이 섞이지 않은 종이를 말해요.

종이 종류	배출 방법
신문, 잡지 등	• 물기에 젖지 않도록 하고, 반듯하게 편 뒤 끈 등으로 묶어서 버려요.
노트, 책자 등	• 스프링은 제거하고 남은 종이만 버려요. 제거한 스프링은 재질에 따라 플라스틱이나 캔류에 버려 주세요. • 코팅된 종이는 빼고 버려요. 코팅이 되었는지 헷갈린다면 종이를 조금 찢어 보세요. 잘 찢어지지 않고, 비닐 같은 것이 붙어 있다면 코팅된 거예요.
상자	• 테이프, 스티커 같은 이물질을 떼어 낸 후 접어서 버려요.
골판지 상자	• 일반적으로 택배 상자로 많이 쓰이는 골판지 재질의 상자들은 따로 모아서 버려요. • 은박 처리를 한 박스는 일반 쓰레기로 버려야 해요.

Q 이런 건 어떻게 버리나요?

Q1. 종이 핸드 타월은 어떻게 버리나요?

화장실에서 사용하는 핸드 타월은 분리배출이 가능해요. 하지만 음식물이나 이물질이 묻어 있으면 일반 쓰레기로 분류해요.

Q2. 종이컵은 어떻게 버리나요?

종이컵 수거함이 없거나, 이물질을 제거하기 어렵다면 일반 쓰레기로 버려요.

Q3. 크레파스나 물감이 묻은 도화지는 어떻게 버리나요?

크레파스나 물감은 제거하기 어렵기 때문에 일반 쓰레기로 버려야 해요.

Q4. 물에 젖은 쓰레기는 왜 재활용이 안 되나요?

음식물이나 물이 묻은 쓰레기는 처리 과정에서 온실가스가 발생해요. 오염된 쓰레기가 기계로 흘러들어 가면 기계가 고장 날 수도 있어요. 게다가 다른 쓰레기와 섞이면 지독한 메탄가스가 생겨요.

Q5. 종이 영수증은 재활용이 가능한가요?

종이 영수증에는 '비스페놀 A'라는 환경 호르몬이 들어 있기 때문에 재활용이 안 돼요. 최근에는 '비스페놀A 프리(Bra Free)'라는 친환경 용지가 나왔지만, 여전히 환경 호르몬이 포함되어 있다고 해요. 영수증은 가급적 손에 닿지 않도록 하고, 핸드크림을 바른 손으로 영수증을 잡으면 그냥 만질 때보다 흡수가 잘되니 조심해야 해요.

2. 일반팩(살균팩)

살균팩은 우유처럼 냉장 보관이 필요한 살균 제품을 담는 데 주로 쓰여요. 윗부분이 지붕 모양이며, 내부에 하얀색 종이가 보여요.

종류	배출 방법
우유팩 등	• 물로 헹궈서 이물질을 제거한 후 버려야 해요. • 종이팩 전용 수거함이 없는 경우에는 종이류와 구분할 수 있도록 끈 등으로 묶어서 종이류 수거함에 버려요.

3. 멸균팩

상온 보관이 가능한 액체를 담는 데 주로 쓰여요. 벽돌 모양이며, 내부가 알루미늄 포일로 싸여 있어요.

종류	배출 방법
주스팩 등	• 내용물을 비우고 물로 헹군 뒤 잘 펼쳐서 말려요. • 멸균팩을 따로 수거하지 않는 곳이라면 일반 쓰레기로 버려요. 가까운 제로 웨이스트 상점이나 주민 센터에 가져가도 돼요.

Q 이런 건 어떻게 버리나요?

Q1. 종이와 종이팩을 같이 버려도 되나요?

종이팩과 종이는 펄프화 과정에서 종이가 풀어지는 시간이 차이가 나기 때문에(종이류 약 10분, 종이컵과 종이팩 약 1시간) 따로 버려요. 종이팩은 종이팩 수거함에 버리면 돼요.

Q2. 종이팩 수거함이 없는데, 어떻게 버려요?

종이팩을 따로 모으는 주민 자치 센터, 제로 웨이스트 상점 등에 종이팩을 가져가면 휴지나 쓰레기 종량제 봉투로 교환할 수 있어요.(구마다 다르므로 확인해야 해요.) 상황이 여의치 않다면 종이팩이 종이와 섞이지 않게 잘 분리해서 버려요.

Q3. 플라스틱 뚜껑이 있는 멸균팩은 어떻게 버리나요?

뚜껑이 플라스틱이라면 뚜껑은 플라스틱으로, 멸균팩은 멸균팩으로 버리면 돼요.

4. 캔

캔류는 철캔과 알루미늄(알미늄)캔으로 나뉘어요. 철캔은 황도, 참치 등 음식물이 든 통조림캔이고, 알루미늄캔에는 주로 콜라나 맥주, 음료수가 들었어요. 재활용 선별장에서는 자석에 붙는 것은 철, 아닌 것은 알루미늄으로 구분해서 분류해요.

	캔 종류	배출 방법
	철캔 (참치캔, 햄 통조림캔 등)	• 참치캔이나 햄 통조림캔 등은 기름기가 많이 묻어 나오기 때문에 잘 씻어서 버려야 해요. • 플라스틱 뚜껑, 참치캔의 안심 따개 등 금속캔과 다른 재질은 분리해서 배출해요.
	알루미늄캔 (맥주캔, 음료캔 등)	• 콜라, 맥주와 같은 음료수가 들었다면 비워 낸 후, 깨끗하게 헹궈서 버려야 해요.

Q 이런 건 어떻게 버리나요?

Q1. 못은 어떻게 버리나요?

못, 나사, 철사 등을 고철류라고 해요. 이물질이 섞이지 않도록 끈으로 묶거나 봉투에 넣어서 따로 배출해요. 고철류에 플라스틱이나 고무 재질이 섞였을 경우 분리해서 버려요. 분리하기 어렵다면 일반 쓰레기로 버리고요.

Q2. 알루미늄 포일은요?

재활용되지 않기 때문에 일반 쓰레기로 버려요.

Q3. 락카, 페인트통은 어떻게 버리나요?

재질에 따라 철이나 알루미늄캔으로 버리면 돼요. 페인트가 남아 있다면 내용물은 버린 뒤 분리배출 해요.(내용물을 하수구에 버리면 절대 안 돼요!) 남은 페인트가 많다면 굳힌 후 특수 규격 마대에 버려요.

Q5. 부탄가스, 살충제 용기는 어떻게 버려요?

되도록 바람이 잘 통하는 장소에서 구멍을 내거나, 노즐을 눌러서 가스를 제거한 후 배출해야 해요.

5. 유리

유리로 만든 병이에요. 주로 액체를 담는 데 쓰여요. 유리병은 투명한 청량 음료병, 갈색인 맥주병과 초록색인 소주병만 색깔끼리 분류하고, 나머지는 한 번에 모아서 버려요.

유리 종류	배출 방법
보증금 대상 병 (음료병, 소주병, 맥주병)	• 내용물은 버리고, 물로 깨끗이 씻어서 색깔별로 분류해서 버려요. • 근처 슈퍼나 편의점, 대형 마트에서 보증금으로 바꿔요.
드링크제, 잼, 소스 등이 든 병	• 색깔별로 분류하지 않고, 깨끗하게 씻어서 버려요. • 입구 부분 유리가 깨지지 않도록 뚜껑을 닫아서 버려요.

Q 이런 건 어떻게 버리나요?

Q1. 깨진 유리는 어떻게 버려야 하나요?

유리가 깨졌다면 유리 조각에 봉투가 찢어지지 않게 신문지 등에 잘 싸서 종량제 봉투에 버려야 해요. 거울, 전구, 내열 유리 등 유리병이 아닌 경우도 일반 쓰레기로 버려요.

Q2. 도자기는 어떻게 버리나요?

도자기는 열에 녹지 않기 때문에 재활용이 어려워요. 도자기를 버릴 때는 잘게 부순 뒤 부피를 줄여서 마대 자루 같은 특수 규격 봉투에 담아서 배출해야 해요.

Q3. 전구는 어떻게 버리나요?

형광등 분리배출함으로 버려요. 하지만 평판형, 십자형, 원반형 조명은 분리배출 대상이 아니기 때문에 일반 쓰레기로 버려요.

Q4. 크기가 다양한 와인병은 어떻게 버리나요?

재사용은 안 되지만, 잘게 쪼개서 원료로 사용하기 때문에 깨끗이 씻어서 유리로 분리배출 해요.

빈용기 보증금 제도가 뭔가요?

'빈용기 보증금 제도'란 유리병에 담긴 음료나 주류 등을 마시고 소매점에 빈 병을 반환하면 보증금을 환불해 주는 제도를 말해요. 재사용 표시에 적힌 금액에 따라 보증금을 환불받을 수 있어요. 2023년 기준, 음료 용량이 190밀리리터 미만일 경우 개당 70원, 400밀리리터 미만은 100원, 1,000밀리리터 미만은 130원, 1,000밀리리터 이상일 경우 350원을 받을 수 있어요.

6. 플라스틱

플라스틱은 열이나 압력을 가해서 여러 모양을 만들어 내는 물질이에요. 만들어진 재료에 따라 구분할 수 있어요. 재질별로 수거함이 마련되어 있다면 재질별로, 그렇지 않다면 플라스틱으로 한꺼번에 버려요.

종이 종류	배출 방법
PET, PETE (생수병, 음료병 등)	• 내용물을 버리고, 겉면에 붙은 스티커나 라벨은 깨끗이 제거해서 버려요.
HDPE (플라스틱 용기, 병뚜껑 등)	• 물로 씻어서 버려요. 뚜껑이 다른 재질이라면 분리해서 배출해요.
LDPE (약병, 소스병 등)	• 이물질을 제거하고 깨끗하게 씻어서 버려요.
PP (컵, 도시락 용기 등)	• 겉면에 붙은 상표를 제거한 뒤 깨끗이 씻어서 배출해요.

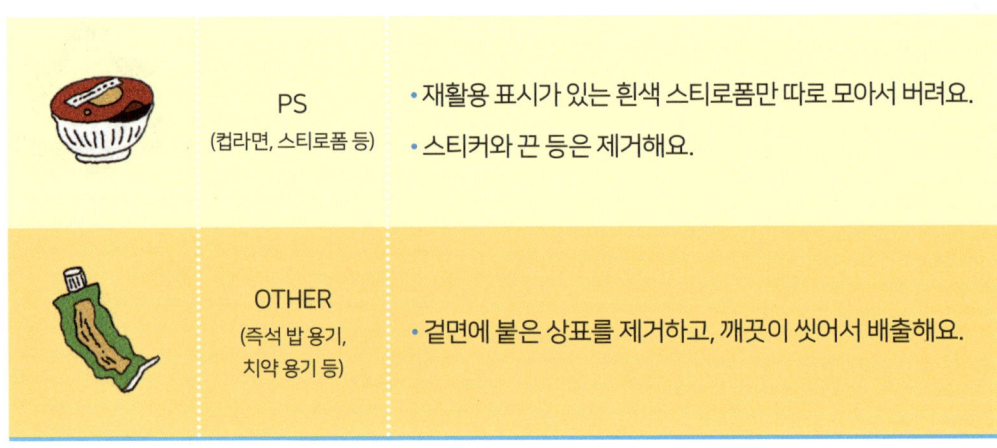

	PS (컵라면, 스티로폼 등)	• 재활용 표시가 있는 흰색 스티로폼만 따로 모아서 버려요. • 스티커와 끈 등은 제거해요.
	OTHER (즉석 밥 용기, 치약 용기 등)	• 겉면에 붙은 상표를 제거하고, 깨끗이 씻어서 배출해요.

7. 무색 페트

가장 많이 재활용되는 소재이며, 투명하고 가벼운 게 특징이에요.

종류	배출 방법
생수병, 주스병 등	• 겉면에 붙은 라벨은 떼고, 물로 헹궈서 버려요. • 뚜껑은 선별장에서 따로 분리하니, 부피를 찌그러트린 후 꼭 닫아서 버려요.

Q 이런 건 어떻게 버리나요?

Q1. 바이오 페트병과 바이오 플라스틱은 어떻게 버리나요?

바이오 페트병과 바이오 플라스틱은 친환경 플라스틱으로 만든 제품이에요. 재활용 표시 아래에 '바이오'라 쓰여 있어요. 썩는 재질로 만들어졌기 때문에 일반 쓰레기로 버려요.

Q2. 색이 있는 스티로폼은 어떻게 버리나요?

회 접시처럼 색이나 무늬가 있는 스티로폼은 재활용이 안 돼요. 모두 일반 쓰레기로 버려야 해요.

Q3. 우산은 플라스틱으로 버려도 되나요?

우산살은 철로 분리배출 하고, 비닐은 비닐류로 분류해요. 천은 종량제 봉투에 버리거나, 업사이클링 해서 가방이나 지갑으로 만들 수 있어요. 여러 재질이 섞여 있어서 분리하기 어렵다면 종량제 봉투에 버리면 돼요.

Q4. 일회용 플라스틱 컵에 글씨가 쓰여 있으면 어떻게 버리나요?

인쇄가 된 일회용 플라스틱 컵은 재활용이 안 돼요.

8. 비닐류

비닐 수지나 비닐 섬유를 이용해서 만들어졌어요. 재질마다 종류가 다르지만 비닐로 한꺼번에 버려요.

종류			배출 방법
	PET/PETE, HDPE, LDPE, PP, PS	비닐봉지, 지퍼백, 각종 포장지 등	• 기름기, 과자 부스러기 등이 남아 있지 않게 깨끗이 씻어서 버려요. • 딱지 모양으로 접으면 이물질이 묻었는지 확인할 수 없기 때문에 펼쳐서 버려야 해요.
	OTHER	라면 봉지, 과자 봉지 등	• 재활용시 열을 가하기 때문에 세척할 필요는 없고, 가루 정도만 털어 주면 돼요.

Q 이런 건 어떻게 버리나요?

Q1. 고무장갑은 어떻게 버리나요?

고무장갑처럼 우리 주변에 있는 고무 제품은 대부분 합성 고무로 만들어졌어요. 재활용이 어려우니 일반 쓰레기로 버려 주세요.

Q2. 검정 비닐봉지도 재활용이 되나요?

검정 비닐봉지나 색이 있는 비닐봉지도 재활용이 가능해요. 비닐로 분리배출해 주세요!

Q3. 과일, 음식 등을 싼 랩은 어떻게 버리나요?

재활용이 안 되기 때문에 일반 쓰레기로 버려야 해요.

Q4. 에어 캡(뽁뽁이)은 일반 쓰레기로 버리나요?

에어 캡도 재활용할 수 있어요. 라벨과 테이프는 떼어 내고, 깨끗이 씻어서 배출해요.

생분해 비닐이 뭔가요?

생분해 비닐은 땅에 묻었을 때 90일 안에 자연 분해되고, 소각되어도 이산화탄소가 거의 안 나와서 탄소 발자국이 적은 제품이에요.

2019년 1월 1일부터 대형 마트, 슈퍼마켓, 제과점에서는 비닐봉지 무상 제공이 금지되었어요. 대신 생분해 비닐은 봉투값을 받지 않고도 제공할 수 있지요.

그렇다면 생분해 비닐은 마음껏 써도 괜찮을까요? 여러 분석 결과를 보면 친환경이라는 말과 달리, 썩는 조건을 갖추지 못한 상태에서 소각되는 생분해 비닐이 아주 많다고 해요.

'생분해 비닐'의 인증 조건을 보면, 6개월 동안 섭씨 58도 이상의 온도가 유지되어야 해요. 하지만 실제 자연 상태에서 이 조건을 만족시키기는 매우 어려워요. 그리고 가격도 문제예요. 생분해 비닐은 일반 비닐에 비해 3배 이상 비싸요. 하지만 무료로 제공되고 있어서 마음껏 써도 된다는 인식을 심어 줄 수 있으니 주의해야 해요.

9. 그 외

폐가전제품의 경우 분리배출 표시가 없더라도 재활용이 가능하니, 올바른 배출 방법에 따라 버려야 해요.

종류	배출 방법
냉장고, 세탁기, 에어컨 등 대형 가전	• 행정 복지 센터에 문의해 크기에 맞는 납부 필증을 붙인 뒤 배출해요. • 아파트의 경우, 배출하는 장소에 두면 한꺼번에 가져가요.
비데, 전기밥솥, 선풍기, 노트북 등 소형 가전	• 소형 가전제품은 5개부터 무료 수거가 가능해요. 5개 미만은 행정 복지 센터에 문의해서 처리해야 해요. • 'E-순환 거버넌스' 같은 수거 서비스를 이용해도 돼요. 홈페이지나 전화로 예약하면 수거 업체에서 무상으로 가져가요.
물약, 알약 등	• 약들은 포장지를 제거한 뒤 모아서 약국, 보건소 등에 위치한 '폐의약품 수거함'에 배출하면 돼요. • 물약을 제외한 알약은 우체통에 넣어도 돼요. '폐의약품 회수 봉투' 또는 일반 봉투 겉면에 '폐의약품'이라고 써서 버려요.

Q 이런 건 어떻게 버리나요?

휴대폰

E-순환 거버넌스에서 제공하는 '나눔폰' 서비스를 이용하면 폐휴대폰을 재활용할 수 있어요. 발생된 수익금은 소외 계층을 위한 기금으로 활용된다고 해요. 가까운 행정 복지 센터에 가져다줘도 돼요.

폐건전지

건전지에는 망간, 수은, 카드뮴 등 중금속 유해 물질이 있어서 일반 쓰레기로 버리면 안 돼요. 건전지는 행정 복지 센터나 편의점, 아파트 동별 우편함 등 전용 수거함에 배출해야 해요.

아이스팩

내용물이 플라스틱 성분이라면 하수구, 변기에 흘려보내면 절대 안 돼요. 전용 배출함에 버리면 되는데, 배출함을 찾을 수 없다면 종량제 봉투에 버려요. 물 아이스팩, 식물 영양제 아이스팩 같은 친환경 아이스팩은 잘라서 내용물만 버리고, 포장 용기는 분리배출 해요.

쓰레기 분리배출 일기

쓰레기 일기를 한번 써 볼까요? 쓰레기를 줄이는 건 기록하는 것에서부터 시작해요!

날짜	20 년 월 일	날씨	
제목			

* 무엇을 분리배출 했는지 자유롭게 그려 보아요!

* 분리배출을 어떻게 했는지 적어 보아요!

쓰레기 구출 대작전

부 록

알쏭달쏭 분리배출 퀴즈

분리배출을 얼마나 잘 공부했는지 확인해 볼까요? 아래 문제들을 읽고, 맞으면 O, 틀리면 X로 체크해 보세요.

1. 여러 재질의 알록달록한 장난감은 플라스틱으로 분리배출 한다.
   ··· (O, X)
2. 복숭아씨는 일반 쓰레기로 버린다. ·· (O, X)
3. 감기약은 변기나 세면대에 버린다. ··· (O, X)
4. 손잡이가 나무 소재인 플라스틱 칫솔은 플라스틱으로 분리배출 한다.
   ··· (O, X)
5. 분홍빛이 도는 투명 페트병은 무색 페트로 분리배출 한다. ························· (O, X)
6. 우유 멸균팩은 종이로 분리배출 한다. ··· (O, X)
7. 색이나 모양이 있는 스티로폼 접시는 일반 쓰레기로 버린다.
   ··· (O, X)
8. 아이스팩은 무조건 아이스팩 수거함에 버려야 한다. ································ (O, X)
9. 택배 박스는 종이로 분리배출 한다. ·· (O, X)
10. 바이오 플라스틱은 일반 쓰레기로 버린다. ··· (O, X)

정답

1. X, 여러 종류의 플라스틱이 섞였기 때문에 일반 쓰레기로 버려요.

2. O, 복숭아씨를 음식물 쓰레기로 버리면, 음식물 쓰레기 처리 기계가 고장 날 수 있어요.

3. X, 하수구로 흘러간 약물은 생태계 교란의 원인이 될 수 있어요.

4. X, 칫솔 손잡이와 칫솔모의 재질이 다르기 때문에 재활용이 안 돼요.

5. X, 플라스틱으로 분리배출 해요. 무색 페트병과 헷갈리지 마세요!

6. X, 멸균팩, 종이팩은 종이와 따로 분리배출 해요.

7. O, 색이나 모양이 있는 스티로폼은 일반 쓰레기로 버려요.

8. X, 아이스팩은 수거함에 버려도 되지만, 일반 가정에서도 분리배출 할 수 있어요. 내용물을 버리고, 포장재를 따로 버리면 돼요.

9. X, 박스는 종이와 따로 버려요.

10. O, 바이오 플라스틱은 땅에 묻으면 분해되기 때문에 일반 쓰레기로 버려요.

쓰레기 없는 지속 가능한 사회

쓰레기도 자원이 될 수 있어요! 버려진 방수 천에 새로운 디자인을 입히면 멋진 가방이 탄생하고, 기차가 다니지 않는 철도에 기술을 더하면 근사한 공원이 만들어져요. 이렇듯 조금만 살피고 관심을 가진다면 쓰레기도 새로운 자원으로 재탄생할 수 있는 거예요. 이번 장에서는 쓰레기를 다시 쓰는 방법을 알아보고, 기업과 여러 나라에서 쓰레기 문제를 해결하기 위해 어떤 노력을 하고 있는지 알아볼 거예요.

새활용이 뭐예요?

새활용과 재활용

 혹시 '새활용'이라는 말을 들어 본 적 있나요? 새활용은 '업사이클링'의 우리말이에요. 낡고 오래된 제품에 더 나은 가치를 불어넣는 작업을 뜻하는 말이죠. 그렇다면 새활용과 재활용은 무엇이 다를까요? 재활용이 단순히 '어떤 물건을 깨끗하게 버리는 작업'을 의미한다면, 새활용은 거기에 디자인이나 가치를 더해 새로운 물건을 만들어 내는 거예요.
 예를 들어 볼까요? 사용한 종이는 재생지로 만들어 재활용할 수 있어요.

그런데 재생지로 재활용하면 원래 종이보다 품질도 떨어지고, 그 과정에서 전기, 인력 등 많은 자원이 들어요. 이렇듯 에너지 소모는 크지만 제품의 가치는 떨어지는 작업을 '다운사이클링'이라 해요. 폐기물로 새로운 제품을 만드는 업사이클링과는 반대되는 개념이지요.

업사이클링은 1994년 독일의 라이너 필츠가 처음 소개했어요. 이후 친환경 산업으로서 잠재력을 인정받으며, 여러 유럽 국가를 통해 널리 퍼져 나갔어요. 우리나라에서는 2017년, 서울에 '서울 새활용 플라자'가 열리면서 본격적으로 새활용 산업이 시작되었어요.

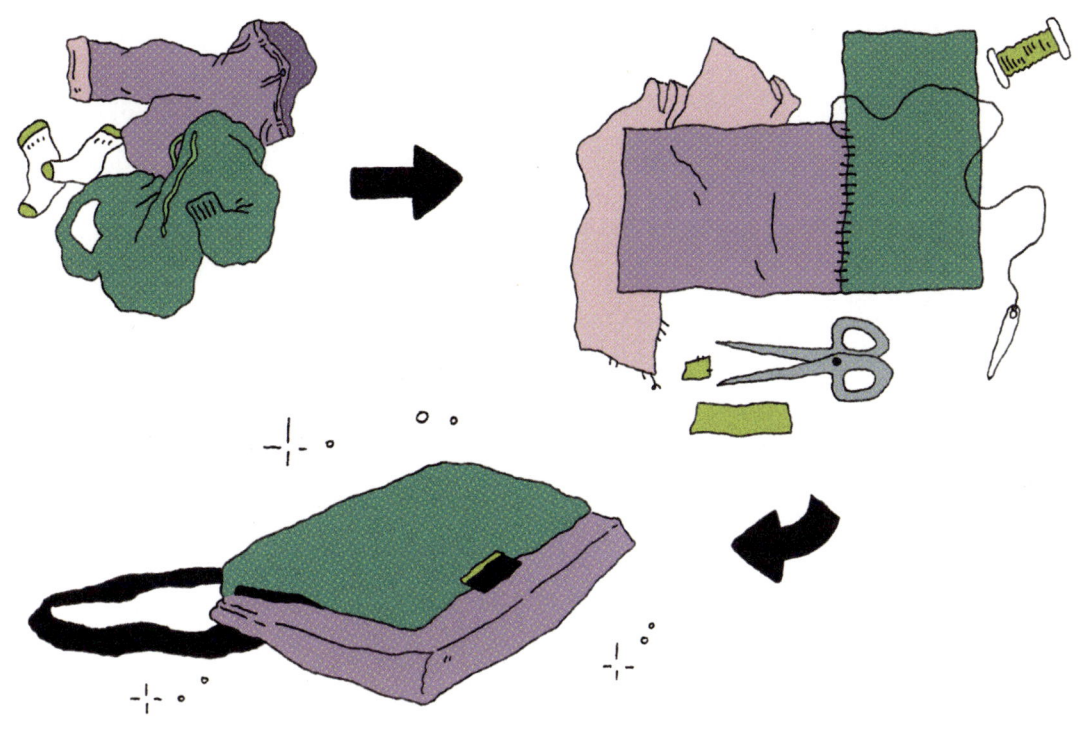

폐품을 명품으로!

업사이클링 제품은 디자인이 중요해요. 폐기물의 원래 용도나 제품을 만들게 된 배경 등 고유한 이야기를 디자인에 담아 내면, 세상에 단 하나뿐인 상품이 탄생하는 거죠.

새활용으로 주목받는 기업들도 하나둘 늘고 있어요. 대표적으로는 '프라이탁'이 있어요. 프라이탁은 버려진 트럭 방수 천과 폐타이어, 자동차 안전벨트를 재활용해 가방과 소품을 만드는 브랜드예요. 제품마다 무늬도 다르고, 낡은 정도도 다 달라서 어떤 가방도 같을 수 없어요. 버려질 운명이었던 폐품을 명품으로 탈바꿈한 거예요!

'에코파티메아리'는 한국의 대표적인 업사이클링 브랜드예요. 주로 현수막, 아름다운 가게에서 수집한 가죽옷과 청바지, 가구 공장에서 나온 자투리 가죽으로 가방이나 소품을 만들고 있어요. '오운유'라는 회사는 버려지는 자투리 가죽에 아이들의 순수하고 기발한 그림을 더해 예쁘고 귀여운 제품들을 만들고 있지요.

이렇듯 새활용은 환경과 자연을 생각하며, 물건이 쓸모가 없어진 후까지 고려하는 개념이에요. 아울러 물건을 가치 있게 오래 사용하자는 개념도 포함하고 있어요.

자, 우리도 새활용으로 환경도 지키고, 자원 순환을 실천해 보는 건 어떨까요?

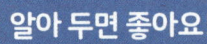

이것만 알면 나도 환경 전문가!

지속 가능성

지금 우리 세대의 필요를 위해 미래 세대가 사용할 경제 사회 환경과 생태계 등의 자원을 낭비하지 않고, 계속해서 사용할 수 있도록 유지하는 것을 말해요.

ESG

'환경(Environmental)', '사회(Social)', '지배 구조(Governance)'의 앞 글자를 딴 단어로, 사회적·윤리적 가치를 고려해서 기업의 성과를 판단하는 기준을 의미해요. 즉 ESG 경영은 윤리, 인권, 환경 등 우리 사회에서 중요하게 여기는 가치를 지키는 경영 방식이에요.

탄소 중립

이산화탄소를 배출하는 양만큼 이산화탄소 흡수량을 늘려, 실질적인 이산화탄소 배출량을 '0'으로 만드는 것을 뜻해요.

17가지 지속가능발전목표

유엔은 2030년까지 더 나은 세상을 만들고자 17가지 지속가능발전목표(SDGs)를 정했어요. 빈곤, 질병, 교육, 성 평등, 기후 변화, 생물 다양성 등 지구에 존재하는 다양한 문제를 해결하고, 더 나은 지구를 만들기 위해 정한 목표들이에요.

그린슈머

　그린슈머란 친환경을 뜻하는 '그린(Green)'과 소비자를 뜻하는 '컨슈머(Consumer)'를 합친 말이에요. 우리말로는 '녹색 소비자'라고도 해요. 친환경 제품과 착한 기업의 제품을 구매하는 소비자를 가리키는 말로, 환경 문제에 관심을 가지고, 탄소 발자국이 적은 제품을 선택하는 사람들을 뜻해요.

함께하면 쉬워요, 제로 웨이스트

쓰레기를 0으로!

'제로 웨이스트'란 환경을 보호하기 위해 쓰레기를 줄이는 캠페인이에요. 현실적으로 쓰레기를 아예 안 만들고 살 수는 없지만, 일상생활에서 '쓰레기(Waste)' 배출량을 '0(Zero)'으로 만들도록 노력하자는 의도에서 시작되었지요.

1998년, 브라질에서 처음 시작된 제로 웨이스트 운동은 사람들의 관심을 받으며 퍼져 나갔고, 곧 사회 운동으로 자리매김하게 되었어요. 제로 웨이스트 운동을 처음 시작한 비 존슨은 2009년, 자신의 블로그를 통해 제로 웨이스트를 알리기 시작했으며, 이후 사람들에게서 큰 지지를 얻었어요. 비 존슨이 쓴 〈나는 쓰레기 없이 산다〉는 우리나라에서도 큰 인기를 끌었어요.

　캘리포니아 종합 폐기물 관리 위원회는 2001년 제로 웨이스트를 목표로 정했고, 미국의 일부 주에서는 제로 웨이스트를 정책으로 만들어서 지켜 나가고 있어요.

레스 웨이스트

'레스 웨이스트'는 일상 속에서 쓰레기를 줄여 나가자는 캠페인이에요. 제로 웨이스트랑 뭐가 다르냐고요? 레스 웨이스트는 쓰레기를 아예 없애는 것이 아닌, '줄이는 것'이 핵심이에요. 그러니까 쓰레기를 전혀 만들지 않는 제로 웨이스트보다 훨씬 부담이 적은 거예요. 레스 웨이스트는 환경에 관심은 있지만, 현실적으로 실천이 어려운 현대인들에게 큰 지지를 받고 있어요.

제로 웨이스트를 실천하면 무엇이 좋을까?

❶ 쓰레기 매립지와 소각장이 늘어날수록 처리 비용이 늘고, 우리 건강에도 안 좋은 영향을 끼쳐요. 제로 웨이스트를 통해 쓰레기를 줄이면 폐기물 관리 비용도 줄고, 환경도 지킬 수 있어요.

❷ 재사용 가능한 용기를 사용하면 돈을 아낄 수 있어요. 비닐, 종이컵, 나무젓가락 같은 일회용품 사용에 드는 비용이 줄어들기 때문이에요.

❸ 제로 웨이스트 운동은 물건을 되도록 사지 않고, 최소한으로 유지하는 소비문화를 권장해요. 제로 웨이스트를 실천하면 필요한 만큼만 물건을 살 수 있기 때문에 쓸데없는 지출이 줄어요.

지금까지 제로 웨이스트의 장점에 대해 알아봤어요. 지구와 우리가 건강해지고, 돈도 아낄 수 있는 방법이라면 실천하지 않을 이유가 없겠죠? 제로 웨이스트를 실천하면 또 어떤 점이 좋을지 친구들과 함께 이야기해 봐요!

제로 웨이스트 실천 방법, 5R

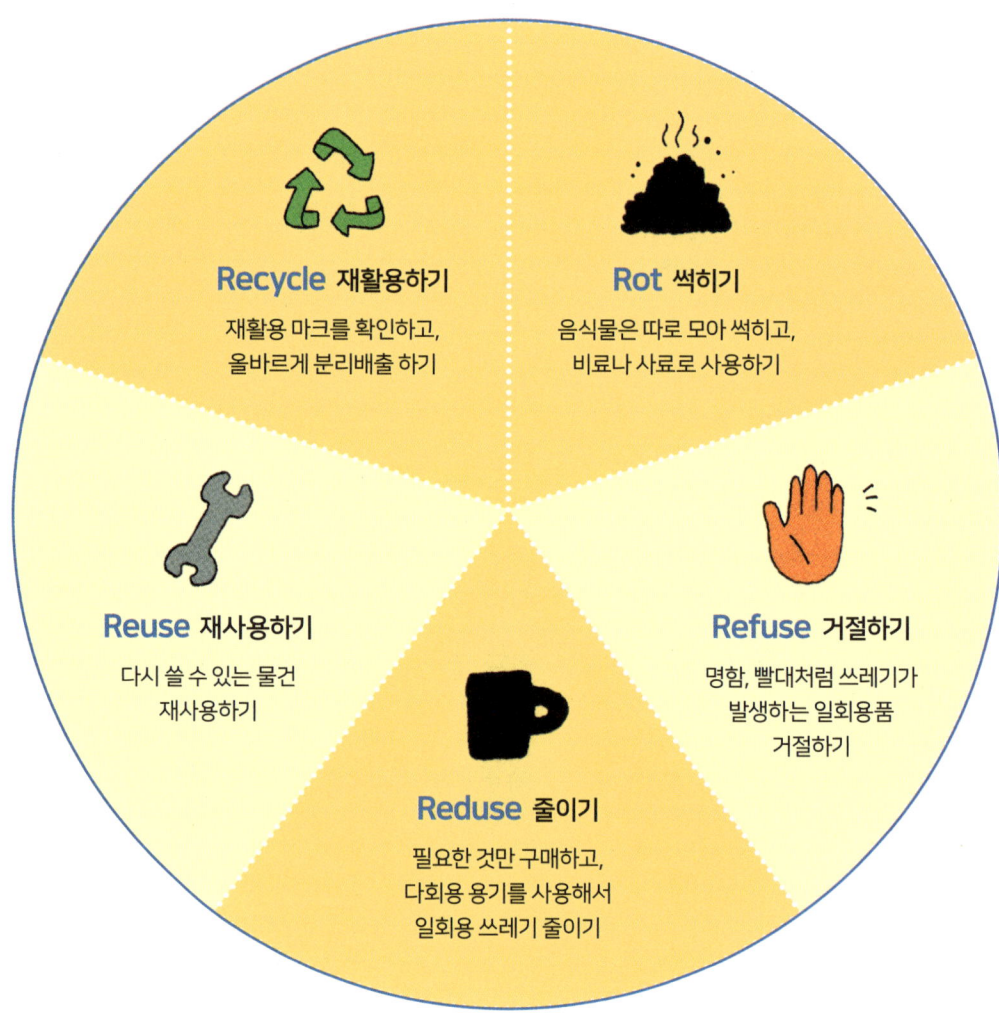

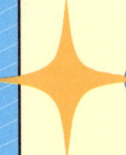
알아 두면 좋아요!

제로 웨이스트 상점 알차게 이용하는 법

'제로 웨이스트 상점'은 친환경 제품이나 포장재가 없는 제품을 구입할 수 있는 매장이에요. 본인이 직접 들고 온 용기로 세제, 화장품, 오일 등 제품을 필요한 만큼 담아서 구입하면 돼요. 개인 용기가 없어도 걱정 마세요! 다른 사람들이 기증한 용기를 무료로 사용할 수 있으니까요.

제로 웨이스트 상점에선 샴푸, 린스, 바디 클렌저, 액체 비누 등의 화장품을 조제 관리사(소비자의 취향을 고려해 선택된 화장품을 소분하거나 혼합하는 업무를 하는 관리사)의 안내에 따라, 원하는 만큼 덜어서 싼 가격에 구매할 수 있어요.

음료수 플라스틱 병뚜껑을 모아 오면 치약 짜개를 만들 수 있고, 우유팩을 가져오면 티슈로 교환해 주기도 해요. 이렇듯 제로 웨이스트 상점은 집에서 쓰지 않는 제품들을 필요한 사람들에게 제공하는 연결 고리 역할도 하고 있어요.

제로 웨이스트 상점에서 파는 대표적인 물건으로는 대나무 칫솔, 고체 치약, 천연 세제, 에코 백, 곡류 등이 있어요. 때에 따라선 환경 관련 책들을 판매하는 곳도 있지요. 가게마다 유기농 과일이나 농산물을 함께 팔거나, 비건 카페를 겸하기도 해요.

싸고 예쁜 옷이 환경을 오염시켜요

패스트푸드가 아니라 패스트 패션

'패스트 패션'은 빠르게 변하는 유행에 맞춰 대량으로 값싸게 제작하는 의류를 말해요. 간편하고 빠르게 먹을 수 있는 패스트푸드처럼, 빠르게 만들어지고 빠르게 소비된다는 의미에서 붙여진 이름이지요. 하지만 이런 패스트 패션은 무시무시한 환경 문제를 일으켜요.

티셔츠 1장을 만드는 데 최대 2,700리터의 물이 사용된다는 사실 알고 있나요? 물 2,700리터면 한 사람이 2.5년 동안 마실 수 있는 양이고, 욕조

15개를 가득 채울 수 있는 양이에요. 게다가 다양한 옷을 염색할 때 쓰이는 염료와 표백제는 수질을 오염시켜요. 의류 제조에 쓰인 폐수가 전 세계 폐수의 약 20퍼센트를 차지할 정도라고 하니, 어마어마한 양이죠?

또한 국제 환경 보호 단체 그린피스는 옷을 한 번 세탁할 때마다 미세 플라스틱이 약 70만 개 발생하고, 분해 시 약 12억 개가 발생한다고 발표했어요. 매년 의류 생산으로 소비되는 물은 800조 리터가 넘고요. 이산화탄소는 1억 7,500만 톤이 배출되고, 자그마치 9,200만 톤의 쓰레기가 버려지고 있어요.

그렇다면 헌옷 수거함에 버려진 옷들은 어떻게 될까요? 놀랍게도 90퍼센트 이상은 쓰레기가 된다고 해요. 그나마 상태가 괜찮은 옷들은 중고 의류로 되팔리기도 하지만, 최근에는 동남아시아나 아프리카 지역으로 대부분 수출되고 있어요.

우리나라의 패스트 패션 문제는 아주 심각한 수준이에요. 2020년 기준, 한국은 전 세계 헌옷 배출량 5위를 차지할 정도로 많은 옷을 버리고 있어요.

인권을 위협하는 패스트 패션

패스트 패션은 인권과도 관련이 있어요. 2013년, 방글라데시에 있는 한 의류 공장에서 큰 사고가 났어요. 이 사고로 천 명이 목숨을 잃었고, 2천 명이 넘는 부상자가 발생했어요. 이들은 짧은 기간 동안 많은 물량을 만들기 위해 적은 임금을 받으며 밤낮없이 일하던 노동자들이었어요. 이 사건 이후, 예쁘고 저렴한 옷들에 가려 보이지 않았던 노동자들의 인권 문제가 수면 위로 떠올랐어요.

쇼핑몰이나 백화점에서는 '착한 가격'이라 불리는 옷들이 판매되고 있지만, 정작 이런 싼 가격 뒤에는 환경 오염과 노동 착취의 문제가 숨어 있어요. 소비자로서 옷을 구매하기 전에 무엇을 사고, 어떤 것을 사지 않을지 고민해 보는 자세가 필요한 때예요.

 **알아 두면 좋아요!**

생활 속에서 '슬로우 패션' 실천하기

☑ **제대로 입기**

버릴 옷, 잘 안 입는 옷, 계속 입을 옷을 정리해 둬요.
새 옷을 사기 전에 정말 필요한지 고민해 보고, 꼭 필요한 옷만 사요.

☑ **다시 입기**

틈틈이 옷장을 정리해서 잘 안 입는 옷은 기부하거나 중고 마켓에 팔아요. 혹은 필요한 물건과 물물교환해서 정리해요.

* 아름다운 가게, 굿윌스토어, 옷캔 같은 단체에 기부할 수 있어요. 인터넷이나 전화로 신청이 가능해요!

☑ **고쳐 입기**

구멍이 나거나 단추가 떨어진 옷이 있다면 고쳐 입어요. 집에서 손질하기 힘들다면 수선집에 맡겨도 돼요.

☑ **리폼하기**

더 이상 입을 수 없는 옷은 가방이나 인테리어 소품으로 새롭게 만들어요. 인터넷에 '업사이클링', '리폼' 등을 검색하면 옷을 다시 쓰는 다양한 방법이 나오니 참고해 봐요.

지구를 튼튼하게 만드는 음식

음식물 쓰레기가 배출하는 온실가스

학교에서 급식을 먹고 나서 식판을 정리할 때면 저 많은 음식물 쓰레기가 어디로 갈지 걱정이 이만저만이 아니에요. 환경부 조사에 따르면 하루에 배출되는 생활 쓰레기 중 음식물 쓰레기가 차지하는 비율이 30퍼센트나 된다고 해요. 음식물 쓰레기는 처리 과정에서 온실가스를 내뿜기 때문에 여러 환경 문제를 불러일으켜요.

음식물 쓰레기도 재활용이 가능할까?

원래 음식물 쓰레기는 주로 가축의 사료나 식물의 퇴비로 활용되었지만, 요즘에는 동물 복지의 문제로, 사료로 쓰이는 쓰레기는 줄고 있어요. 대신 바이오매스로 재탄생되고 있지요. 바이오매스란 식물이나 미생물 같은 자연에서 얻은 에너지를 뜻해요. 자원이 풍부하고, 만드는 과정 역시 친환경

적이어서 새로운 에너지로 주목받고 있어요.

그러나 음식물 쓰레기 문제는 재활용으로 해결할 수 있는 수준을 넘어섰어요. 1년에 음식물 쓰레기를 처리하려고 약 8천억 원을 들인다고 할 정도니 말이에요. 그러니 음식을 버리지 않는 게 먼저겠죠?

학교에서 급식을 먹을 때 욕심내지 않고, 먹을 만큼만 덜어서 남기지 않고 먹어요. 배달 음식을 시킬 때도 반찬이 꼭 필요한지 한번 더 확인하고요.

고기 없는 식탁, 기후 위기를 막는다

빠른 시간에 많은 양의 고기가 식탁에 오를 수 있도록 좁은 공간에서 가축을 기르는 방식을 '공장식 축산'이라고 해요. 공장식 축산으로 길러지는 동물들은 지금도 한 발도 움직이기 힘든 좁은 공간에서 고기가 되기를 기다리고 있어요. 우리가 고기를 많이 먹을수록, 이런 공장식 축산도 늘어날 거예요.

돼지, 소 등의 동물들은 오로지 고기와 우유 생산을 목적으로 길러지기 때문에 온갖 스트레스 상황에 놓여요. 더위와 추위를 맨몸으로 견뎌야 하는 것은 물론, 각종 질병에 걸리지요. 질병을 예방하기 위해서는 항생제가 들어간 사료를 먹이거나 주사를 놓아야 하는데, 여기서 발생하는 쓰레기가 어마어마하다고 해요. 게다가 병들어 죽은 동물의 사체, 동물들이 생활하면서 생긴 똥과 오줌은 처리가 힘들어서 주변 땅에 묻거나 강으로 흘려보내, 각종 오염 문제가 생기고 있어요.

또한 가축을 기르고 사료를 재배할 공간을 만들기 위해 수많은 나무가 잘려 나가고 있어요. 인간의 먹거리를 위해 멀쩡한 산림이 파괴되는 거예요. 가축에게 먹일 사료를 만들기 위해선 살충제와 비료가 필요하고, 이 과정에서 화석 연료가 많이 쓰여요.

고기를 안 먹고 어떻게 살아?

고기를 아예 안 먹고 살기는 어려워요. 하지만 매일 먹던 고기를 줄이고, 채식하는 습관을 기르는 것은 충분히 실천할 수 있어요.

우유는 콩이나 귀리로 만든 식물성 음료로 대체할 수 있어요. 예전에는 고기가 들어가지 않은 음식을 찾기 어려웠지만, 요즘엔 콩으로 만든 고기 요리도 많이 나와서 선택할 수 있는 폭이 넓어졌어요. 우리의 건강을 위해, 지구를 살리기 위해, 식습관을 바꿔 보는 건 어떨까요?

온실가스를 가장 많이 배출하는 음식 10가지

소고기

소고기 1킬로그램을 생산할 때 26.5킬로그램의 이산화탄소가 배출돼요. 소고기 1킬로그램당 약 16킬로그램의 사료가 필요하다고 해요.

양고기

1킬로그램당 22.9킬로그램의 이산화탄소가 배출돼요.

버터

1킬로그램당 12킬로그램의 이산화탄소가 배출돼요.

조개류

1킬로그램당 11.7킬로그램의 이산화탄소가 배출돼요.

치즈

치즈는 생산 과정과 냉장 운송 과정에서도 이산화탄소를 발생시켜요. 치즈 1킬로그램당 9.8킬로그램의 이산화탄소가 배출돼요.

아스파라거스

채소 중 유일하게 순위에 들었어요. 비행기로 수입하는 경우가 많아서 이산화탄소 발생량이 많아요. 1킬로그램당 8.9킬로그램의 이산화탄소가 배출돼요.

돼지고기

1킬로그램당 7.9킬로그램의 이산화탄소가 배출돼요.

송아지 고기

소고기보다는 적지만 1킬로그램당 7.8킬로그램의 이산화탄소가 배출돼요.

닭고기

1킬로그램당 5킬로그램의 이산화탄소가 배출돼요.

칠면조 고기

다행히 우리나라에서 많이 먹지는 않아요. 1킬로그램당 5킬로그램의 이산화탄소가 배출된다고 해요.

쓰레기 없는 지속 가능한 사회

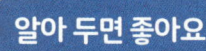 알아 두면 좋아요!

도전! 채식 요리 만들기

1. 토마토 샐러드

재료 : 토마토 1개, 두부 1모, 견과류, 올리브 오일, 발사믹 드레싱

만드는 방법

1. 토마토를 깨끗하게 씻어서 6등분 정도로 자른다.
2. 두부도 토마토 사이사이 끼워 넣을 수 있게 1센티미터 정도 두께로 얇게 썬다.
3. 그릇에 토마토와 두부를 번갈아 가며 담은 후, 그 위에 견과류나 집에 있는 양상추, 혹은 채소를 먹기 좋게 잘라 넣는다.
4. 올리브 오일을 적당히 두른 후, 발사믹 드레싱도 위에 한번 두른다.

2. 야채 피자

재료 : 토르티야 1장, 토마토 소스 2큰술, 양파 1/2개, 피망 1/2개, 양송이버섯 5개, 애호박 1/2개, 가지 1/2개, 군고구마 1개, 비건 치즈 약간

만드는 방법

1. 토르티야에 토마토 소스를 바른다.
2. 애호박, 가지, 양송이버섯, 피망 등 야채를 얇게 썬다.
3. 얇게 썬 재료를 토르티야에 골고루 얹는다.
4. 미리 구워 둔 고구마를 테두리 쪽에 둘러 준다.
5. 비건 치즈를 뿌린다.
6. 프라이팬이나 오븐에서 약 5분 정도 구워 준다.

* 비건 치즈는 동물의 젖이 아닌 식물성 재료인 두부, 두유, 씨앗, 견과류, 채소로 만드는 치즈예요.

3. 나물 비빔밥

재료 : 콩나물, 시금치, 무생채 등 나물 반찬, 참기름 1/2큰술, 간장 혹은 고추장 1/2큰술, 밥 1공기

만드는 방법

1. 밥과 냉장고에 있는 나물이나 채소 반찬을 함께 넣는다.
2. 참기름 반 스푼, 간장 반 스푼을 넣는다.(간장 대신 고추장을 넣어도 돼요.)
3. 재료와 밥을 비벼서 맛있게 먹는다.

환경을 생각하는 제로 하우스

에너지도 '0', 전기료도 '0'! 제로 하우스

집이 스스로 에너지를 만든다고요? 영화 속 미래 도시에서나 가능한 일 아니냐고요? '에너지 제로 하우스'에선 가능해요!

전 세계 에너지 사용량 중 36퍼센트는 집이나 건물에서 트는 냉난방에 사용되고 있어요. 이 에너지는 대부분 화석 에너지에 의지하고 있고요. 화석 에너지는 기후 위기의 주범인 온실가스를 만들어 내요. 그래서 발명된 게 '에너지 제로 하우스'예요. 에너지 제로 하우스는 한 건물에서 나가는 에너

지와 만들어진 에너지를 합한 양이 '0'이 되는 건축물이에요.

에너지 제로 하우스에서는 지붕에 있는 태양 전지로 전기를 만들어서 쓰고, 땅에서 나오는 열인 지열로 물을 데워요. 열이 쉽게 빠져나가지 않는 이중 창문 덕분에 한겨울에도 따뜻하게 겨울을 날 수 있어요.

액티브 하우스와 패시브 하우스

에너지 제로 하우스의 종류는 두 가지로 나뉘어요. '액티브 하우스'는 태양열, 풍력, 지열 등의 자연 에너지를 이용해서 에너지를 얻는 형태의 건물이에요. '패시브 하우스는' 건물의 단열 및 집의 모양을 활용해 열이 건물에서 새어 나가거나 외부 공기가 들어오지 못하도록 설계되었어요.

패시브 하우스의 원리는 보온병의 구조에서 찾을 수 있어요. 보온병은 물의 온도를 오래도록 처음처럼 유지할 수 있게 해 줘요. 이처럼 패시브 하우스 역시 단열 기술을 통해 집 안의 온도를 유지하는 거예요.

우리나라도 친환경 건축 기술이 개발되면서, 새로 짓는 건물에는 패시브 하우스 기술이 도입되고 있어요. 2020년부터 단계별 의무화가 추진되면서 2024년부터는 민간 건축물 대상으로 확대될 예정이에요.

패시브 하우스에 살면 어떤 점이 좋을까요? 패시브 하우스는 결로와 곰팡이가 발생하지 않도록 설계되었기 때문에 곰팡이를 방지할 수 있어요. 또 환기 장치가 있어서 먼지가 잘 쌓이지 않고, 집 안 공기를 쾌적하게 유지할 수 있지요. 가장 큰 장점은 냉난방비에 드는 비용을 아낄 수 있다는 거예요.

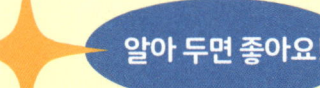 알아 두면 좋아요!

가정에서 에너지를 지키는 10가지 방법

에너지 제로 하우스에서 살지 않는다 해도 지구를 지킬 수 있어요. 집에서도 에너지를 지키는 방법들을 함께 알아봐요!

1. 되도록 대중교통이나 자전거를 이용해요.
2. 부모님과 함께 탄소 포인트제에 참여해요. 탄소 포인트제에 대해 쉽게 알려 주는 '기후 행동 1.5℃' 앱을 이용해 봐도 좋을 거예요.
3. 세탁은 한꺼번에 모아서 하고, 미세 플라스틱이 많이 나오지 않게 물 온도를 너무 뜨겁지 않게 조절해요. 탈수는 적게 할수록 좋아요!
4. 물을 아껴 써요. 샤워 시간을 줄이고, 양치할 때 물을 틀어 놓지 않아요.
5. 설거지 양이 많지 않다면 식기 세척기보다는 손으로 설거지해 보아요
6. 음식은 먹을 만큼만 덜어 먹어요. 지나치게 많이 먹는 것도 좋지 않아요.
7. '리필 스테이션'이나 '제로 웨이스트 상점'을 되도록 자주 이용해요.
8. 일주일에 한 번은 채식 식단으로 먹어요.
9. 샴푸와 손 세정제 대신 샴푸 바와 비누를 사용해요
10. 형광등을 LED 조명으로 바꾸면 전기세도 줄이고 환경도 보호할 수 있어요.

산책하며 지구를
구하는 작은 발걸음

건강도 챙기고 환경도 구한다

최근 환경과 건강을 동시에 챙기는 '플로깅'이 큰 인기를 끌고 있어요. 플로깅은 스웨덴어로 '줍다'라는 의미의 '플로카 업(Plocka up)'과 '달리다'라는 의미인 '조깅(Jogging)'이 합쳐진 말이에요. 즉, 달리면서 쓰레기를 줍는다는 뜻이죠. 스웨덴에서 놀이처럼 시작된 이 운동은 프랑스, 아이슬란드, 미국 등 전 세계로 퍼져 나갔고, 프랑스에서는 플로깅 마라톤 대회가 열릴 만큼 큰 인기를 끌었어요. 플로깅은 우리나라에선 '쓰담 달리기'라고도 불

러요. 이와 비슷한 말로 '플로킹'이 있어요. '플로킹'은 '산책하다'라는 의미의 '워킹(Walking)'이 붙어 만들어진 말이에요.

쓰레기를 줍기 위해 앉았다 일어나는 동작은 하체의 근육을 발달시키는 스쿼트 동작과 비슷해요. 게다가 쓰레기를 담은 봉투를 들고 뛰기 때문에 일반 달리기보다 칼로리가 더 많이 소모되지요. 건강도 챙기고, 환경도 보호할 수 있다는 점에서 플로킹은 큰 관심을 얻고 있어요.

바다에서 쓰레기를 줍는 '비치코밍'도 있어요. 비치코밍은 바다를 뜻하는

'비치(Beach)'와 빗질이란 뜻의 '코밍(Combing)'을 합친 말이에요. 이런 활동을 하는 사람을 '비치코머(Beachcomber)'라고 하지요.

자연을 위해서, 우리의 건강을 위해서 다 같이 밖으로 나가서 쓰레기를 주워 보는 건 어떨까요? 플로깅은 시간과 장소에 상관없이, 하고자 하는 마음만 있으면 누구든지 실천할 수 있어요.

플로깅, 함께하면 더 재미있어요!

준비물: 가벼운 복장, 쓰레기를 담을 봉투, 장갑, 집게

방법

1. 가벼운 차림으로 골목길, 공원 등에 떨어져 있는 쓰레기를 주워요.
2. 여러 명이서 함께한다면 누가 많이 주웠는지 겨뤄 보는 것도 재미있을 거예요.
3. 모은 쓰레기를 종류별로 분리배출 해요.
4. 어떤 쓰레기가 많이 나왔는지 친구들과 이야기해 봐요.

* SNS에 해시태그 '#플로깅'을 써서 다른 사람들과 기록을 공유해요!
* 비대면으로 진행하는 랜선 플로깅 행사도 있어요.

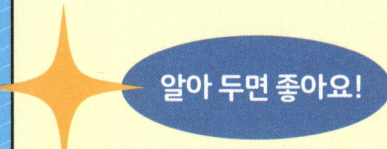

환경 기념일

1년 중에는 환경과 관련된 기념일이 많아요. 최근에는 기념일에 맞춰 여러 행사도 열리고 있으니, 관심 있는 행사는 참여해 봐도 좋을 거예요.

1월	2월	3월	4월
	세계 습지의 날 (2월 2일) 북극곰의 날 (2월 27일)	세계 숲의 날 (3월 21일) 세계 물의 날 (3월 22일) 어스 아워 (3월 마지막 주 토요일)	식목일 (4월 5일) 지구의 날 (4월 22일)

5월	6월	7월	8월
세계 생물 다양성 보존의 날 (5월 22일) 바다의 날 (5월 31일) 세계 공정 무역의 날 (5월 둘째 주 토요일)	세계 환경의 날 (6월 5일) 세계 리필의 날 (6월 16일) 세계 사막화 방지의 날 (6월 17일)	세계 일회용 비닐봉지 없는 날 (7월 3일) 세계 인구의 날 (7월 11일)	에너지의 날 (8월 22일)

9월	10월	11월	12월
자원 순환의 날 (9월 6일) 세계 오존층 보호의 날 (9월 16일) 자동차 없는 날 (9월 22일)	세계 채식인의 날 (10월 1일) 세계 동물의 날 (10월 4일)	아무것도 사지 않는 날 (11월 26일)	국제 산의 날 (12월 11일)

기업들도 노력해야 해요

기업과 국가의 역할

우리가 아무리 쓰레기를 줄이려 노력한다 해도, 국가나 기업에서 노력하지 않으면 기후 위기는 막기 어려워요. 우리나라 11개 기업이 배출하는 온실가스가 2020년 온실가스 배출량의 절반 이상을 차지한다는 시민 단체의 분석 결과도 있을 정도니까요. 그만큼 기업이 기후 변화에 크나큰 영향을 미치고 있다는 거죠.

ESG, 선택 아닌 필수

기후 위기 문제가 심각해지자, 소비자들은 ESG 경영에 앞장서는 기업의 제품을 사겠다고 목소리를 높였어요. ESG란 사회적·윤리적 가치를 고려해서 기업의 성과를 계산하는 지표를 말해요.

이제 좋은 제품을 마냥 싼값에 판매한다고 해서 잘 나가는 기업이 되는 시대는 갔어요. 아무리 좋은 제품을 만든다고 해도, 소비자들이 선택하지 않으면 기업도 매출을 올리기 힘들 테니까요. 요즘은 ESG 평가에서 높은 점수를 받은 기업들이 투자를 많이 받는 사례도 늘고 있어요.

착한 기업이 대세라고?

프랑스의 생수 브랜드 '비텔'은 2019년부터 재생 플라스틱을 사용해 제품을 만들고 있어요. 이렇게 플라스틱을 온전히 재활용하는 방식을 '보틀 투 보틀(Bottle to Bottle)'이라고 해요. '보틀 투 보틀'은 '병에서 병으로'라는 뜻으로, 투명 페트병을 무한대로 재활용할 수 있는 재활용 방식을 말해요. 프랑스 생수 기업 '에비앙'은 2025년부터 페트병을 100퍼센트 재활용 원료로 생산하기로 했고, '코카콜라'는 2030년까지 페트병 원료의 50퍼센트를 재생 원료로 대체하기로 했어요.

우리나라도 ESG 경영 기업이 많아지고 있어요. 여러 백화점에선 사탕수수로 만든 친환경 종이로 포장재를 만들고, 폐지 함유율 100퍼센트 재생지로 만든 쇼핑백을 사용하는 등 많은 노력을 기울이고 있어요. 서울시는 '제

로 서울' 프로젝트를 기획해, 여러 기업과 함께 일회용 컵 사용 줄이기에 앞장서고 있지요. 이외에도 커피 찌꺼기, 즉 커피박을 활용해 벽돌, 점토, 연필 등과 같은 제품을 만드는 기업도 있어요.

소비자가 바뀌어야 기업도 바뀐다

　기업들이 변한 가장 큰 이유는 소비자들이 변했기 때문이에요. 소비자들이 환경을 더럽히고, 인권을 무시하고, 윤리 문제를 생각하지 않는 기업의 제품을 고르지 않으니, 기업도 변할 수밖에 없는 거예요. 환경을 생각하지 않는 제품을 사지 않는 것. 값이 조금 더 들더라도 지구를 지키는 제품을 사용하는 것. 이런 작은 실천들이 모여 기업을 움직이고, 나아가 지속 가능한 지구를 만드는 거예요.

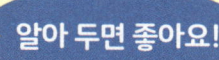 알아 두면 좋아요!

녹색으로 씻는다고요?

그린 워싱

그린 워싱은 '환경'을 뜻하는 '그린(Green)'과 '불쾌한 사건이나 문제를 숨기는 현상'을 의미하는 '화이트 워싱(White washing)'을 합친 말이에요. 기업들이 실제로 친환경 경영을 하지도 않으면서 녹색 경영을 하는 것처럼 홍보하는 것을 뜻해요. 친환경 제품의 기준을 하나하나 꼼꼼히 따져 볼 수 없는 소비자 심리를 파고든 일종의 마케팅 전략이지요.

한 회사는 플라스틱 병에 종이 포장재를 둘러놓고, 종이로 만든 병처럼 보이도록 눈속임을 했다는 이유로 비난을 받기도 했어요. 이렇게 그린 워싱을 하는 기업들이 늘어나면, 소비자들은 제대로 된 기준으로 물건을 살 수 없게 돼요.

쉽고 간단한 친환경 제품 구별 방법

그렇다면 친환경 제품은 어떻게 구분할까요? 환경부에서는 문제 해결을 위해 '친환경 마크(환경 표지)' 인증 제도를 시행하고 있어요. 자원을 절약하고 환경 오염 영향이 적은 제품에 인증 마크를 주는 거예요. 친환경 제품을 사고 싶은데 기준을 하나하나 살펴보기 어렵다면, 친환경 마크가 있는지 한 번 더 확인하고 사면 좋을 거예요.

환경 표지 인증 마크

국제 사회는 어떤 노력을 할 수 있을까요?

기후 위기에 대처하는 국제 사회

기후 위기 문제가 날로 심각해지자, 국제 사회는 지구의 평균 기온을 낮추기 위해 많은 노력을 기울이고 있어요. 지난 2010년, 멕시코 칸툰에서 열린 총회에서는 기온 상승을 2도 아래로 유지하기 위한 목표를 세웠어요. 더 나아가 2015년 파리에서 열린 총회에서는 기온을 1.5도 아래로 유지하자는 '파리 기후 협정'이 채택되었어요. 이후 유엔은 다양한 환경 문제에 대응하기 위해 지속가능발전목표를 정비했어요.

모두가 실천하는 탄소 중립

'탄소 중립'은 탄소 배출량을 실질적으로 0으로 만드는 것을 말해요. 미국이 파리 기후 협정에 다시 가입하면서 2050년까지 탄소 중립을 이루겠다고 선언했어요. 그러자 유럽 연합은 물론 일본도 탄소 중립을 달성하겠다고 발표했어요. 중국도 2060년까지 탄소 중립을 추진하겠다는 의사를 밝혔고요. 총 120여 개국에서 탄소 중립을 선언하거나 추진 중이고, 우리나라 역시 2050년까지 탄소 배출량 제로를 목표로 하고 있어요.

탄소 중립을 달성하려면 차량과 공장에서 발생하는 탄소 배출을 최대한 줄이고, 습지와 숲 등 이산화탄소를 흡수할 수 있는 공간을 확보해야 해요. 공기 중의 탄소를 제거하는 탄소 네거티브 배출 기술을 이용해 이산화탄소를 없애는 방법도 있어요. 쓰레기를 자원으로 다시 사용할 수 있도록 올바르게 분리배출 하는 것도 탄소를 줄이는 방법 중 하나겠죠?

이산화탄소 배출량이 많아지면, 지구의 온도도 같이 올라가요. 그 말은 이산화탄소 배출량을 줄이면, 지구 온도를 낮출 수 있다는 이야기지요. 이렇듯 탄소 중립은 우리 모두에게 꼭 필요해요.

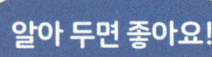 알아 두면 좋아요!

기후 위기를 해결하기 위한 국제 사회의 노력

환경 문제는 국제 사회가 모두 함께 노력해야 해결할 수 있어요. 기후 위기를 막기 위해 여러 나라가 맺은 대표적인 환경 협약과 국제 환경 단체에 대해 알아봐요.

바젤 협약

바젤 협약은 유해 폐기물의 국가 간 불법 거래를 방지하기 위한 국제 협약이에요. 1992년에 시행되었고, 우리나라를 포함해 188개 나라가 협약에 가입했어요. 유해 폐기물에 대한 국제적 이동의 통제와 규제를 목적으로 하며, 유해 폐기물의 이동 시 경유국 및 수입국에 미리 통보하는 것을 의무화하고 있어요. 2021년 1월 1일부터는 폐플라스틱도 규제 대상에 포함되었어요.

런던 협약

런던 협약은 선박, 항공기 또는 해양 시설에서 발생하는 폐기물을 바다에 버리는 것을 규제하는 해양 오염 방지 조약이에요. 2023년 기준 87개 나라가 회원으로 가입했어요. 한국은 1993년에 런던 협약에 가입했어요.

교토 의정서

1997년, 일본 교토에서 개최된 기후 변화 협약 제3차 당사국 총회에서 채택된 의정서예요. 온실가스 감축 목표를 지정하고 있고, 총 37개 나라가 온실가스 감축 의무를 졌어요. 교토 의정서를 통해 '기후 체제'라는 개념이 확립되었으며, 2005년부터 2020년까지, 10년 넘게 유지되었어요. 교토 의정서는 이후 파리 협정으로 대체되었어요.

파리 협정

2015년 12월 12일 파리에서 열린 총회에서 온실가스 배출을 줄이기 위해 채택된 협정이에요. 미국은 한때 파리 협정에서 탈퇴했으나, 2021년에 다시 가입했어요. 산업화 이전 수준과 비교해, 지구 평균 온도가 2도 이상 올라가지 않도록 온실가스 배출량을 단계적으로 줄이자는 내용을 담고 있어요.

기후 변화에 관한 정부 간 협의체

기후 변화에 관한 정부 간 협의체(IPCC)는 기후 변화와 관련된 전 지구적 위험을 평가하고, 국제적 대책을 마련하기 위해 세계 기상 기구(WMO)와 유엔 환경 계획(UNEP)이 공동으로 설립한 유엔 산하 국제 협의체예요.

부록

쓰레기 환경 교육 체험 기관

경기도 업사이클 플라자

- 주소 : 경기 수원시 권선구 서둔로 166
- 홈페이지 : www.ggupcycle.or.kr

경기도 업사이클 플라자는 업사이클 산업 육성과 문화 확산을 위해 개관되었어요. 환경 관련 업체가 입주해 있으며, 다양한 프로그램을 제공하고 있어요. '소재 전시실', '순환 창작소', '팹 카페' 등 체험 공간을 갖췄어요.

서울 새활용 플라자

- 주소 : 서울 성동구 자동차시장길 49
- 홈페이지 : www.seoulup.or.kr

새활용에 대한 모든 것을 보고, 배우고, 경험할 수 있는 세계 최대 규모의 새활용 복합 문화 공간이에요. 다양한 업체가 입주해 있으며, '도스트 탐방', '제로 웨이스트 교육', '자원 순환 이야기' 등 여러 체험 활동을 제공해요.

순천 업사이클 센터 더새롬

- 주소 : 전남 순천시 팔마1길 9-19

전시관, 놀이 체험방, 공방, 교육실 등을 갖췄으며, 놀이 체험장에서는 '어린이 쓰레기 분리수거 체험 놀이', '순천만 식물 퍼즐 맞추기' 등 13개 종류의 무료 놀이 교육이 가능해요.

순환 자원 홍보관 '다시 쓰는 세상'
- 주소 : 경기 성남시 분당구 석운로 164번길 19
- 홈페이지 : reworld.kora.or.kr

관람객들, 특히 미래 환경을 책임질 아이들이 친근한 캐릭터들과 함께 자유롭게 놀며 느끼는 체험 학습을 제공해요.

인천 업사이클 에코 센터
- 주소 : 인천 미추홀구 매소홀로 290번길 7
- 홈페이지 : www.incheoneco.or.kr

자연 생태 체험을 도심에서 경험해 볼 수 있는 공간이에요. 어린이부터 성인까지, 다양한 연령대의 환경 프로그램이 준비되어 있으며, 전문가 과정 프로그램 또한 운영하고 있어요.

청주 새활용 시민 센터 다채로움
- 주소 : 충북 청주시 청원구 내수로 28
- 홈페이지 : cucc.or.kr

자원의 재생과 공유를 위한 청주시의 자원 순환 종합 시설이자 중심 기구예요. 다양한 체험·교육·전시·홍보 프로그램을 운영하고 있어요.

한국 업사이클 센터

- 주소: 대구 서구 국채보상로 243
- 홈페이지: www.kupcenter.or.kr

업사이클 분야의 아이디어를 창출하고 새로운 아이템을 만들어 나가는 복합 문화 공간이에요. 시민들을 대상으로 다양한 교육 프로그램을 제공하고 있어요.

화성시 에코 센터

- 주소: 경기도 화성시 봉담읍 하가등안길 100
- 홈페이지: www.hs-ecocenter.or.kr

자원 순환을 주제로 다양한 환경 교육과 체험을 진행하는 환경 교육 기관이에요. '그린 환경 센터 견학', '에코 센터 전시실 견학' 및 각종 환경 교육 프로그램을 제공해요.

SR센터

- 주소: 서울 성동구 가람길 117
- 홈페이지: www.srcenter.kr

소형 폐가전제품의 처리와 도시 광산 사업 추진을 목적으로 열린 자원 순환 시설이에요. 서울시 25개 자치구에서 발생하는 소형 폐가전, 폐휴대폰, 폐사무기기 등을 수거한 후 분해 공정을 거쳐 자원으로 만들어요. 현장 교육과 체험 교육, 전문가 과정 프로그램을 운영해요.

지구를 지키는 어린이 서약서

지구를 지키는 어린이 서약서

나는 지구를 지키기 위해서 다음과 같은 일을 실천할 것을 약속합니다.

1. 올바른 분리배출 방법에 맞게 쓰레기를 잘 버릴 거예요.

2.

3.

4.

5.

나는 위의 내용을 반드시 실천하겠습니다.

20   년   월   일

이름

참고한 자료

참고한 책과 자료

- 〈분리배출에 관한 지침〉, 환경부, 2021
- 〈서울 새활용 플라자 백서〉, 서울시, 2021
- 《잘 버리면 살아나요! 지구를 구하는 분리배출 생활을 위한 50가지 질문》, 손영혜, 목수책방, 2020
- 〈재활용품 분리배출 가이드라인〉, 환경부, 2018
- 〈제6차 전국 폐기물 통계 조사〉, 환경부, 2023
- 〈쓰레기 다이어트 다이어리〉, 새봄 커뮤니티, 2017
- 〈환경 백서〉, 환경부, 2022

참고한 방송과 기사

- 땅에서 썩는 비닐 쓰라면서 55%는 안 묻고 소각하는 정부, 김정연, 중앙일보, 5월 23일자 기사, 2019
- 쓰레기산 54곳 처리비 337억… 애꿎은 땅주인들이 떠안았다, 이청아·최미송, 동아일보, 12월 9일자 기사, 2022
- 물속 미세플라스틱 35%가 옷에서? 친환경 공정 도입하는 의류 기업들, 이미지, 동아일보, 7월 26일자 기사, 2022
- '보틀 투 보틀'… 투명 페트병 '무한 재생' 시대 활짝, 최명신, YTN, 1월 31일자 방송, 2022

- '태평양 쓰레기섬'에 한국 쓰레기가?!… 최초 발견, 류란, KBS, 2월 25일자 방송, 2019
- 한국의 플라스틱 문제는 말 그대로 '쓰레기 대란', 제이크 권, CNN, 3월 3일자 기사, 2019

참고한 인터넷 페이지

- 서울 새활용 플라자, www.seoulup.or.kr
- 수퍼빈, www.superbin.co.kr
- 한국 폐기물 협회, www.kwaste.or.kr
- E 순환 거버넌스, 15990903.or.kr

사진 출처

- 40p, 코펜하겐의 아마게르 바케 ⓒ News Oresund/CC BY-ND, bit.ly/447PDOM
- 54p, 내 손안의 분리수거 ⓒ 한국 포장재 재활용 사업 공제 조합
- 55p, 네프론 자판기와 네프론 내부의 모습 ⓒ 수퍼빈

쓰레기 책

분리배출부터 업사이클링까지

초판 1쇄 발행 | 2023년 8월 31일

글쓴이 | 손영혜
그린이 | 도아마

펴낸이 | 조미현
책임편집 | 황정원
편집진행 | 박단비
디자인 | 씨오디 Color of Dream

펴낸곳 | (주)현암사
등록일 | 1951년 12월 24일 · 제10-126호
주소 | 04029 서울시 마포구 동교로12안길 35
전화 | 02-365-5051 · 팩스 | 02-313-2729
전자우편 | child@hyeonamsa.com
홈페이지 | www.hyeonamsa.com
블로그 | blog.naver.com/hyeonamsa
인스타그램 | www.instagram.com/hyeonam_junior

ⓒ 손영혜, 도아마 2023
ISBN 978-89-323-7596-0 73530

* 이 책은 저작권법에 따라 보호를 받는 저작물이므로 저작권자와 출판사의 허락 없이
   이 책의 내용을 복제하거나 다른 용도로 쓸 수 없습니다.
* 책값은 뒤표지에 있습니다. 잘못된 책은 바꾸어 드립니다.
* 현암주니어는 (주)현암사의 아동 브랜드입니다.

KC	제조명 도서	전화 02-365-5051
	제조년월 2023년 8월	제조국명 대한민국
	제조자명 (주)현암사	사용연령 9세 이상
	주소 서울시 마포구 동교로12안길 35	
	주의사항 책 모서리에 부딪히거나 종이에 베이지 않도록 주의해 주세요.	
	*KC마크는 이 제품이 공통안전기준에 적합하였음을 의미합니다.	